논술? 장난이 아니라구~

논술은 흔히 말하는 '벼락치기'가 통하지 않습니다.

주어진 논제와 제시문을 정확히 파악하고 자신의 생각을 정리하여 한 편의 논리적인 글을 완성한다는 것은 벼락치기로 터득될 수 있는 것이 아니기 때문입니다.

논술은 읽고, 보고, 듣고, 생각하고, 느낀 바를 가치있게 표현하는 전체의 과정입니다. 이런 과정이 하루 아침에 완성될 수는 없습니다.

하지만 논술을 억지로 원고지를 채워야 하는 머리 아픈 과정으로만 생각해서는 진짜 논술 실력을 키울 수 없습니다. 단순한 원고지 채우기가 아니라 스스로 사고하여, 자신의 생각을 정리하고 그것을 다른 사람에게 나타낼 수 있다면 여러분은 이미 논술의 모든 것을 터득한 것입니다.

지금부터 쉽고 즐거운 논술이 시작됩니다.

여러분은 따라오기만 하면 되지만, 단기간에 자신의 실력이 눈에 띄게 늘지 않는다고 조급해하실 필요는 없습니다. 팔굽혀펴기를 10번 하던 학생이 11번 하게 되는 것은 10번까지의 노력이 아니라 11번째의 마지막 필사의 몸부림 때문입니다. 논술도 그렇습니다. 실력이 늘지 않는 것 같고, 언제나 그 자리인 것 같은 생각이 들어도 포기하지 말고, 끝까지 재미있게 생각하는 습관을 기르며 생각을 다듬어 가다 보면 분명히 논술 실력은 늘게 되어 있습니다.

이 책에서 배우게 될 이 세상의 많은 일들과 여러분 주변의 크고 작은 이야기들에 작은 관심을 기울여 생각하기 시작한다면, 여러분은 논술 영웅의 길로 들어선 것입니다. 「바깔로레아 초등 교과 논술」과 함께 그 길을 가다 보면 어느새 달라진 여러분 생각의 크기를 확인할 수 있을 것입니다.

지은이 **서울대 국어교육학 박사 박학천**

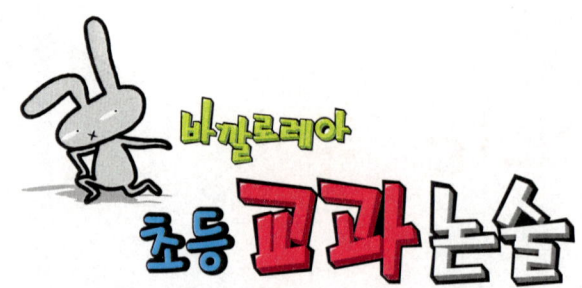

- 국어 사회 과학 + 독서 논술 토론 통합프로그램입니다.
- 쉽고 부담 없는 자료를 편하게 따라만 가면 저절로 사고력, 독해력, 이해력이 자라는 검증된 프로그램입니다.

단원별 학습 목표 및 구성

week 01
발상사고혁명

실질적인 〈발상·사고〉 훈련
- 고정 관념을 깨고, 개성적인 사고를 기릅니다.
- 스스로 질문하고 비판하는 시각과 자세를 기릅니다.

week 02
교과서 논술 01

〈국어 능력〉 심화 학습
- 국어 교과서 선행 학습으로 단원의 핵심을 이해합니다.
- 수행평가, 서술형 논술형 문항으로 국어과 학습 능력을 키웁니다.

※ 교과서 활용 : 『듣기·말하기』 / 『읽기』

week 03
독서 클리닉

실질적인 〈읽기 능력〉 향상 훈련
- 억지로 읽기보다는 읽는 맛과 재미를 알려 줍니다.
- 비판적 읽기, 개성적 읽기로 글을 보는 안목을 키웁니다.

week 04
교과서 논술 02

〈국어 능력〉 심화 학습
- 국어 교과서 선행 학습으로 단원의 핵심을 이해합니다.
- 수행평가, 서술형 논술형 문항으로 국어과 학습 능력을 키웁니다.

※ 교과서 활용 : 『듣기·말하기』 / 『읽기』

거북이 정도는 문제 없어!

week 05
영재 클리닉 01

사회 교과서를 활용한 영재 심화 학습
- 통합 교과 시대를 대비, 사회과 학습 테마를 논술로 연결시켜 쉽고 재미있게 초중고 학습 과정의 주요 주제와 쟁점을 알려 줍니다.

※ 교과서 활용 : 『바른 생활』 / 『사회』

week 06
교과서 논술 03

〈국어 능력〉 심화 학습
- 국어 교과서 선행 학습으로 단원의 핵심을 이해합니다.
- 수행평가, 서술형 논술형 문항으로 국어과 학습 능력을 키웁니다.

※ 교과서 활용 : 『듣기·말하기』 / 『읽기』

week 07
영재 클리닉 02

과학 교과서를 활용한 영재 심화 학습
- 통합 교과 시대를 대비, 과학과 학습 테마를 논술로 연결시켜 쉽고 재미있게 초중고 학습 과정의 주요 주제와 쟁점을 알려 줍니다.

※ 교과서 활용 : 『슬기로운 생활』 / 『과학』

week 08
논술 클리닉

『쓰기』 교과서를 활용한 논술 훈련!
- 쓰기 교과서로 쓰기 학습 능력을 키운 후, 생활문에서 본격 논술까지 자신 있게 자신의 견해를 글로 표현하도록 유도합니다.

※ 교과서 활용 : 『쓰기』

차례

발상사고혁명	우리 모두는 예비 장애인	**05**
교과서 논술 01	생생한 느낌으로	**13**
독서 클리닉	「양치기 소년」의 숨겨진 비밀	**23**
교과서 논술 02	정보를 찾아서	**33**
영재 클리닉 01	교통이 제법일세	**43**
교과서 논술 03	이 생각 저 생각	**53**
영재 클리닉 02	힘, 넌 뭐니?	**63**
논술 클리닉	때론 지는 것이 이기는 것!	**71**
신통방통 서술형 논술형	국어 술술 사회 술술 과학 술술	**81**

책 속의 책 | **GUIDE & 가능한 답변들**

발상사고혁명

우리 모두는 예비 장애인

"장애의 빈 공간을 채워주세요."

'장애인' 하면 떠오르는 것은 무엇인가요?

01 마녀와 악당은 모두 장애인?

지팡이를 짚은 마녀

배가 몹시 고팠던 헨젤과 그레텔은 정신없이 과자로 만든 집을 먹었습니다. 헨젤은 지붕을 뜯어 먹었고 그레텔은 둥근 창문 조각을 핥아먹었습니다. 그때 갑자기 문이 열리고 눈빛이 사악하고 다리를 저는 노파가 지팡이를 짚고 살금살금 걸어 나왔습니다. 헨젤과 그레텔은 너무 놀라 손에 들고 있던 것들을 떨어뜨렸습니다. 노파는 머리를 흔들면서 그르렁거리는 목소리로 말했습니다.

"아, 귀여운 아이들이 길을 잃었나 보구나. 쯧쯧, 가여운 것들. 집 안으로 들어오너라."

그 할머니는 아주 다정한 척했지만 사실 아이들을 먹어 치우는 사악한 마녀였습니다. 그녀는 아이들을 유혹하려고 집을 빵과 과자로 만들었던 것입니다.

— 『헨젤과 그레텔』 중에서

1 헨젤과 그레텔에 나오는 할머니는 어떤 사람입니까?

2 이 글에 나오는 마녀의 생김새는 어떠하고, 또 생김새를 그렇게 표현한 까닭은 무엇인지 이야기해 보시오.

갈고리 손을 한 후크 선장

해적들의 선장인 후크는 실크 셔츠와 기다랗고 빨간 외투를 입고 챙이 넓고 깃털이 달린 모자를 쓰고 있었어요. 이렇게 화려한 복장을 했지만 얼굴은 험상 궂었고 이마와 입술에 힘을 주어 인상을 쓰고 있었어요. 그리고 갈고리 손을 휘저으며 소리를 질렀어요. 그때마다 신경질적으로 늘어진 콧수염 두 개가 부르르 떨렸고 갈고리 손이 번쩍거렸지요.

후크는 피터를 무척 미워했어요. 피터가 후크의 오른팔을 잘라 악어에게 던졌기 때문이에요. 악어는 팔에 있던 시계까지 몽땅 삼켰어요. 그래서 그 악어 뱃속에서는 째깍째깍 시계 소리가 들린답니다.

"피터를 꼭 잡아야 해."

후크는 늘 눈을 부릅뜨고 부하들에게 이렇게 명령하곤 했어요.

– 『피터팬』중에서

3 후크 선장은 어떤 사람입니까?

4 후크 선장을 악당이라고 느끼는 까닭을 모두 쓰시오.

5 앞에서 나온 '헨젤과 그레텔'의 마녀나 '피터팬'의 후크 선장같이 나쁜 사람들을 다리를 절거나 한쪽 팔이 없는 신체 장애인으로 묘사한 까닭은 무엇일까요?

02 우리 주위의 장애인

무서운 장애인

오늘 오후에 백화점에 들를 일이 있었다. 어찌나 사람이 많은지 누군가 무심히 내 목발을 건드려서 넘어지게 될까 봐 조심스럽게 걷고 있었다. 그런데 한 구석에서 젊은 여인이 딸인듯 보이는 네 다섯 살 난 어린 아이를 달래고 있었다. 아이는 무슨 일 인지 막무가내로 떼를 쓰면서 울고 있었다. 그 때 마침 나를 발견한 그 여인은 나를 가리키며,

"저 봐, 에비 에비, 너 계속 울면 저 사람이 잡아 간다."

하는 것이었다.

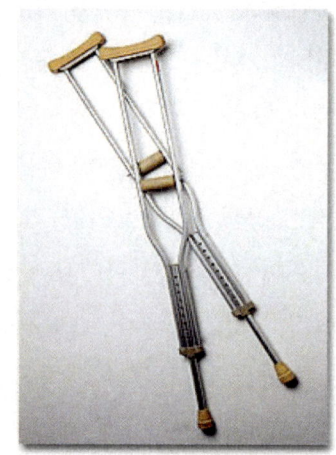

참으로 신기하게도 아이는 순식간에 울음을 그치고 나를 뚫어져라 쳐다보았 다. 아이의 울음이 그치자 여인은 나를 한 번 보더니 아이의 손을 잡고 사라졌다. 물론 어디를 가나 사람들이 쳐다보는 것은 이제 익숙한 일이지만, 그냥 호기심일 뿐 우는 아이도 당장 그치게 할 괴물이라고는 생각하지 않았었다. 그 아이가 앞 으로 신체 장애인을 보면 자연스럽게 '무서운 사람'을 연상하게 될 것이 걱정이 되었다.

1 아이 어머니에 대한 내 생각을 쓰시오.

2 이 아이가 자라서 신체 장애인은 무서운 사람이라는 생각을 버리려면 어떻게 해야 하는 지 이야기해 보시오.

장애인에 대한 고정관념

우리 주위에서 발견되는 장애인에 대한 고정관념입니다.

- 청각 장애인은 내가 무슨 말을 하든 알아듣지 못한다.
→ 청각 장애인은 입 모양으로 상대방의 말을 알 수 있다.

- 휠체어는 묻지 않아도 뒤에서 밀어줘야 한다.
→ 장애인에게는 몸의 일부라고 할 수 있는 휠체어를 갑자기 뒤에서 밀면 놀라고 불쾌해 한다.

- 직장이나 학교에 장애인이 있으면 특별 대우를 해 줘야 한다.
→ 장애인들은 장애인이기 때문에 특별 대우를 해 주는 것을 부담스럽게 생각한다.

- 휠체어 사용자는 뒤에서 항상 휠체어를 밀어주는 것을 좋아한다.
→ 무조건 밀어주는 것보다 옆에서 함께 걷는 것을 더 좋아한다.

- 장애인의 친구는 모두 장애인이다.
→ 장애인과 비장애인이 어울릴 수 없다는 생각은 잘못된 것이다.

3 위에 나온 것 말고 또 내가 알고 있는 장애인들에 대한 고정관념에는 어떤 것이 있습니까?

4 비장애인들이 장애인들에 대해 이와 같은 생각을 갖는 까닭은 무엇입니까?

03 그까짓 장애쯤이야

장애를 극복한 사람들

우리나라 사람들은 역사상 가장 위대한 인물과 자랑스러운 일로 세종 대왕과 한글창제를 꼽는다. 이런 위대한 세종 대왕은 사실 시각 장애인이었다. 선천적인 장애인은 아니고 재위 중에 안질에 걸려 시력이 점점 약해져 일상생활에 불편을 느낄 정도였다.

그래서 세종 23년(1440년)에는 눈이 보이지 않아서 정사를 돌볼 수 없다며 세자에게 전위하겠다고 발표하는데 신하들이 울면서 만류했다고 세종 실록에 전하고 있다. 그리고 한글 창제가 완성된 1443년은 세종 대왕이 이미 실명한 이후였다.

또한 서양의 베토벤은 청각 장애인이었다. 30세 무렵 청각을 완전히 상실한 베토벤은 아무것도 들을 수 없는 상태에서 교향곡 '운명'을 작곡했다.

음악가에게는 생명과도 같은 청각을 잃었지만 베토벤은 좌절하지 않았다. 그리고 피아노 건반의 줄에 실을 묶어 나무 막대기에 연결한 뒤 그 막대기를 입에 물어 전해 오는 느낌을 감지하면서 8년 만에 '운명'을 작곡해 낸 것이다.

1 세종 대왕과 베토벤의 공통점은 무엇입니까?

2 세종 대왕과 베토벤이 사람들에게 존경을 받는 까닭은 무엇입니까?

세상에 불가능은 없다

9년째 시각 장애인을 위한 컴퓨터 교실을 운영하는 김병호 씨는 앞이 전혀 보이지 않는다. 화면을 볼 수 없는 시각 장애인이 컴퓨터를 가르치는 일이 가능할까? 김 씨는 '보이지 않는다고 불가능한 것은 없다.'고 잘라 말했다.

"음성 합성 장치를 이용해 화면에 나타나는 글자를 또박또박 읽어 주면, 시각 장애인도 얼마든지 컴퓨터를 활용할 수 있습니다."

그의 삶 속에서 우러난 강의를 듣고 지금까지 3,000여 명의 시각 장애인들이 세상 깊숙이 들어갈 수 있었다. 김 씨는 완전히 새로운 세상을 열어 준 개척자다.

보이지 않아도 볼 수 있다는 희망 메시지를 몸소 실천하고 있는 김 씨는 10여 년 전까지만 해도 장애와는 거리가 먼 직장인이었다. 경북 구미의 삼성전자 공장에서 일하던 93년 가을, 불행은 갑작스레 닥쳤다. 눈에 염증이 생겨 찾았던 병원에서 '포도막염'이라는 뜻밖의 진단을 받았다. 1년 후 책을 읽을 수 없게 되었고, 2년 후에는 시력을 완전히 잃었다. 그는 지금 초등학교 4학년이 된 막내딸의 얼굴을 모르는 것이 가장 가슴 아프다고 했다.

음성합성장치로 보지 않고도 컴퓨터를 활용하는 방법을 터득한 그는 좌절 대신 희망을 찾은 셈이다.

'보다 많은 시각장애인들이 혜택을 받을 수 있도록, 더 쉽고 편리하게 컴퓨터를 이용할 수 있는 방법을 연구하고 있다.'는 그는 세상에 불가능은 없다는 것을 몸으로 보여 주고 있었다.

3 이 글로 미루어 볼 때 장애를 극복하고 능력을 발휘하기 위해 가장 필요한 것은 무엇입니까?

4 시각 장애인은 컴퓨터를 할 수 없다는 고정관념을 음성합성장치로 깬 것처럼 장애인은 할 수 없다는 고정관념을 깨는 방법에는 또 무엇이 있을지 생각해 봅시다.

장애 체험 활동

　4월 20일은 장애인의 날이다. 도움반이 있는 묵호 중학교에서는 장애인의 날을 현재 장애를 가지고 있지 않지만 '예비 장애인'이라 할 수 있는 비장애인들이 장애인들에게 한번 더 관심을 갖자는 취지하에 교정에서 다채로운 행사를 가졌다.

　장애인의 날 체험 행사는 첫째, 아침 방송을 통한 교장 선생님 훈화 말씀. 둘째, 장애인의 권리(인권) 또는 장애인의 불편을 덜어 주기 위한 우리의 노력을 주제로 장애 관련 자료 검색왕 선발대회. 셋째, 장애 체험 활동을 통해 시각 장애인, 청각 장애인, 지체 장애인의 어려움을 느껴 보고 열심히 참여한 학생을 장애 체험 활동 우수자로 선발하여 시상하는 활동을 가졌다.

　장애 체험 활동은 1학년 학생과 보이스카웃 대원을 대상으로 체육관에서 행사를 가졌으며, 대형 숨은 그림찾기, 감각기관을 이용하여 물건 식별하기, 눈 가리고 그림 그리기, 입모양 보고 알아맞히기, 소리 없는 오락 프로그램 시청하기, 손이 없는 화가, 한 발 들고 계단 오르기와 같은 다양한 활동을 통해 장애인들이 겪는 고충을 알고 서로 도와주며 함께 더불어 살아가는 동반자임을 일깨워 주는 소중한 시간이었다.

교과서 논술이

생생한 느낌 그대로

『읽기』·『말하기·듣기·쓰기』_ 1 생생한 느낌 그대로

나를 느껴 봐!

01 홍길동전은 하나 감상문은 여러 개

🎧 듣기   💬 말하기   📖 교과서 5~23쪽 | 학습 목표 : **독서 감상문을 쓰는 방법을 알고 써 볼 수 있다.**

(가) 점심시간에 도서관에서 《홍길동전》을 읽었다. 영웅들의 이야기를 좋아하여 이 책을 골랐다.
　　홍길동이 열 살이 되었을 때, 아버지인 홍 판서에게 이렇게 말하는 부분이 인상 깊었다.
　　"아버지를 아버지라고 부르지 못하고 형을 형이라고 부르지 못하니 이 어찌 사람이라고 하오리까?"

(나) 홍길동에게
　　길동아, 안녕?
　　나는 ○○초등학고 4학년 박은수라고 해.
　　나는 길동이 네가 참 부러워. 나도 너처럼 약한 사람들을 돕고 못된 사람들을 혼내 주고 싶어. 그러나 도둑질은 하지 않았으면 좋겠어.

(다) 3월 18일 목요일　　　　　　　　　　　　　　　　　　날씨 : 맑음
　　제목 : 여덟 명의 홍길동
　　《홍길동전》을 읽었다. 홍길동은 도술을 잘 부려서 하늘을 날고 비바람을 일으키며 변신도 잘하였다. 그중에서 여덟 개의 허수아비로 조화를 부리는 장면이 가장 기억에 남았다.

1 글 (가)~(다)의 독서 감상문 형식을 찾아 선으로 이으시오.

(1) 글 (가) •　　　　• ㉠ 일기
(2) 글 (나) •　　　　• ㉡ 편지글
(3) 글 (다) •　　　　• ㉢ 독후감

2 글 (나)는 무엇을 바탕으로 쓴 독서 감상문입니까? (　　　)

① 인물의 외모
② 인물의 말과 행동
③ 기억에 남는 장면
④ 기억에 남는 장소
⑤ 인물에게 하고 싶은 말

3 글 (다)를 쓴 글쓴이에게 가장 인상 깊었던 장면은 무엇인지 기호를 쓰시오.

㉠ 홍길동이 임금님에게 자수하는 장면
㉡ 홍길동이 아버지를 아버지라 부르지 못하는 장면
㉢ 홍길동이 여덟 개의 허수아비로 조화를 부리는 장면

(　　　　)

* 다음 글을 읽고, 독서 감상문을 써 보시오.

소들의 회의

소들이 모여서 회의를 하였다. 수많은 동족을 죽여 온 소백정을 어떻게 할 것인가를 의논하기 위해서이다. 모두가 이구동성으로 당장에 소백정을 죽이러 가야 한다고 외쳤다. 그래서 모두 날카롭게 뿔을 세우고 막 소백정에게로 달려가려는 참이었다. 그때 한쪽 구석에서 말없이 듣고 있던 늙은 소가 말렸다.

"그는 우리를 아프지 않게 죽이는 기술자다. 그가 죽으면 다른 서툰 놈이 우리를 더 아프게 죽일 것이다. 인간들이 소고기를 먹는 습관을 고쳐야지 소백정 하나 죽인다고 될 일이 아니다."

그러자 당장이라도 달려 나갈 것 같았던 소들이 걸음을 멈추었다.

1 이 글을 읽고, 무엇을 바탕으로 독서 감상문을 쓰고 싶은지 고르시오.

☐ 인물의 말과 행동 ☐ 기억에 남는 장면

☐ 인물에게 하고 싶은 말

2 1에서 고른 것을 바탕으로 독서 감상문을 써 보시오.

제목	
내용	
생각과 느낌	

02 반복되는 표현을 찾아라

> 읽기 　 교과서 6~7쪽 | 학습 목표 : 시에서 반복되는 표현을 찾을 수 있다.

새는 새는

새는 새는 나무 자고
쥐는 쥐는 구멍 자고　㉠
소는 소는 마구 자고
닭은 닭은 홰에 자고

돌에 붙은 따개비야
나무 붙은 솔방울아
나는 나는 어디 붙어
꺼부꺼부 잠을 자나
우리 같은 아이들은
엄마 품에 잠을 자지.

- 글의 종류 시
- 글의 짜임 2연 10행
- 중심 생각 동물들도 아이들도 잠자는 곳이 있다.

1 이 시를 읽고 떠오르는 장면이 <u>아닌</u> 것은 어느 것입니까? (　　)

① 새가 자는 모습
② 아기가 우는 모습
③ 소가 마구간에서 자는 모습
④ 쥐가 쥐구멍에서 자는 모습
⑤ 아이가 엄마 품에서 자는 모습

2 이 시에서 반복되는 표현이 <u>아닌</u> 것의 기호를 쓰시오.

| ㉠ 새는 | ㉡ 자고 | ㉢ 닭은 |
| ㉣ 나는 | ㉤ 엄마 | ㉥ 쥐는 |

(　　　　)

3 ㉠을 다음과 같이 바꾸면 시의 느낌이 어떻게 달라집니까? (　　)

> 새는 나무에서 자고
> 쥐는 구멍에서 자고
> 소는 마구간에서 자고
> 닭은 홰에서 자고

① 짧아진다.
② 재미있어진다.
③ 이해하기 어려워진다.
④ 노래하는 느낌이 없어진다.
⑤ 글쓴이의 마음이 잘 나타난다.

* '나무 타령'을 읽고, 물음에 답하시오.

나무 타령 꽃 타령

나무 나무 무슨 나무
방귀 뀌는 뽕나무
바람 솔솔 소나무
따끔따끔 가시나무

나무 나무 무슨 나무
가자 가자 감나무
오자 오자 옻나무
꿩의 사촌 닥나무

1 감나무, 옻나무, 닥나무를 진달래, 개나리, 해바라기로 바꿔 빈칸을 채우시오.

| 달래 달래 진달래 | (　　　) 개나리 | (　　　) 해바라기 |

2 '나무 타령'의 2연을 1번에 쓴 내용으로 바꿔 시를 완성하시오.

꽃 꽃 무슨 꽃	꽃 꽃 무슨 꽃
나팔 부는 나팔꽃	달래 달래 진달래
안개 폴폴 안개꽃	(　　　　) 개나리
잔디 잔디 금잔디	(　　　　) 해바라기

03 성격 살려 실감 나게

읽기 | 교과서 12~16쪽 | 학습 목표: 인물의 성격을 살려 실감 나게 읽을 수 있다.

독 안에 든 빵 작전

- 글의 종류 이야기글
- 중심 글감 쥐잡기
- 글의 특징 집에 쥐가 나타나면서 일어나는 사건을 통해 인물의 성격을 실감 나게 표현한 이야기

"엄마, 무슨 일이에요?"
"이 일을 어쩌지? 쥐를 잡으려다가 네 아빠를 잡았나 보다."
바로 그 순간, 아빠가 살짝 눈을 뜨셨어요.
"사실은 소파 뒤에 숨어 있던 쥐와 눈이 마주친 순간 나도 모르게 기절했단다."
그때, 할아버지께서 잠이 덜 깬 눈으로 방문을 열고 나오셨어요.
"집 안에 무슨 일이 있냐?"
"할아버지, 쥐가 나왔대요."
㉠"에구머니나!"
㉡할아버지께서는 깜짝 놀라며 얼른 소파 위로 올라가셨어요.
"어이쿠, 나는 세상에서 쥐가 가장 싫다."
그러자 아빠도 말씀하셨어요.
"저도요."
이튿날 아침, 할아버지께서는 가족회의를 열었어요.
"이제부터 쥐와 전쟁을 시작한다! 내가 사령관을 맡으마. 나머지 식구들은 모두 행동 대원이다."
할아버지의 비장한 말씀에 나는 왠지 가슴이 두근거렸어요. 쥐를 잡는 작전 이름은 ㉢'독 안에 든 빵 작전'이에요. 할아버지께서는 쥐라는 이름을 직접 부르면 쥐들이 알아듣고 모두 도망간대요. 하지만, 빵이라고 부르면 쥐들이 맛있는 빵이 있는 줄 알고 모여든다나요?
아빠는 어느 전쟁에서나 아군끼리만 통하고 적군을 따돌릴 수 있는 암호가 필요하대요. 그래서 우리도 암호를 정하였어요. 쥐가 나타났을 때 '우왕 찍!', 쥐가 지나간 자리를 발견하면 '찍!', 쥐를 추격하다 놓치면 '찍 쌌다!' 예요.

1 이 글의 엄마와 아빠의 성격으로 알맞은 것을 찾아 기호를 쓰시오.

> ㉠ 씩씩하고 용감함
> ㉡ 겁이 많음

(1) 엄마 : (   )

(2) 아빠 : (   )

2 ㉠을 실감 나게 읽으려면 어떻게 읽어야 합니까?   (   )

① 작은 목소리로 차분하게
② 가라앉은 목소리로 슬프게
③ 귓속말을 하듯이 조용하게
④ 놀란 목소리로 소리 지르듯이
⑤ 울먹이는 목소리로 조용하게

3 ㉡을 통해 알 수 있는 할아버지의 성격은 어떠합니까?   (   )

① 당당하다
② 씩씩하다
③ 의젓하다
④ 겁이 없다
⑤ 겁이 많다

4 쥐를 잡는 작전 이름을 ㉢'독 안에 든 빵 작전'이라고 붙인 까닭을 쓰시오.

_____

_____

_____

5 '독 안에 든 빵 작전'의 암호와 암호가 사용되는 경우를 알맞게 줄로 연결하시오.

(1) 우왕 찍! •   • 쥐를 추격하다 놓쳤을 때

(2) 찍! •   • 쥐가 지나간 자리를 발견했을 때

(3) 찍 쌌다! •   • 쥐가 나타났을 때

03 성격 살려 실감 나게

작전 개시! 쥐구멍을 찾아라.

우리는 쥐구멍 수색 작전을 시작하였어요. 엄마와 동생은 일 층, 고모는 지하실(지하에 고모 방이 있거든요. 거기를 다른 사람이 뒤지면 절대 안 된대요. 뭐, 중요한 것이라도 숨겨 놓았는지……), 그리고 아빠는 마당을 살피시겠대요. 마당에 쥐가 파 놓은 쥐구멍이 있을 거라나요. 그러면 나는 어디냐고요? 나는 할아버지와 함께 이 층을 맡았어요. 이 층 천장에서 가끔 이상한 소리가 나거든요.

"집을 들어 올려서라도 쥐 소굴을 찾아내고야 말겠다. 옛날부터 쥐란 녀석들은 마루 밑을 좋아했지. 내가 오늘 쥐 소굴을 꼭 찾고야 말겠다."

㉠엄마는 두 주먹을 불끈 쥐셨어요. 그러고는 마룻바닥에 바짝 귀를 대고 쥐 소리가 나지 않나 귀를 기울이셨어요.

그때, 갑자기 아빠가 후닥닥 뛰어들어오셨어요.

㉡"여보, 어떡하지? 쥐를 만졌어. 쥐를 만졌다고!"

엄마는 아빠를 따라 마당으로 나가셨어요. 그리고 형사처럼 예리한 눈초리로 마당을 이곳저곳 살피더니 아빠에게 물으셨어요.

"여보, 쥐를 만진 게 분명해요?"

"음……그게……그러니까……."

엄마는 홈통 근처에 떨어진 털솔을 집어 들며 말씀하셨어요.

"봐요, 혹시 이 털솔을 잘못 알고…….

"아니, 그건 절대 아냐, 아닐 거야, 아니어야 하는데……

그럼 그렇지, 아빠가 만진 것은 홈통을 청소하는 털솔이었어요.

6 다음 중 엄마의 성격을 알 수 있는 말이나 행동은 어느 것입니까? (　　)

① "여보, 쥐를 만진 게 분명해요?"
② "봐요, 혹시 이 털솔을 잘못 알고……."
③ 엄마는 아빠를 따라 마당으로 나가셨어요.
④ "집을 들어 올려서라도 쥐 소굴을 찾아내고야 말겠어."
⑤ 엄마는 홈통 근처에 떨어진 털솔을 집어 들며 말씀하셨어요.

7 ㉠에 나타나 있는 엄마의 마음은 무엇입니까? (　　)

① 쥐에게 미안한 마음
② 가족에게 미안한 마음
③ 작전에 참여하고 싶지 않은 마음
④ 쥐 소굴을 꼭 찾고야 말겠다는 마음
⑤ 겁이 많은 남편을 답답하게 느끼는 마음

8 ㉡은 어떻게 읽는 것이 좋겠습니까? (　　)

① 장난치듯이
② 졸린 목소리
③ 떨리는 목소리
④ 활기찬 목소리
⑤ 다정한 목소리

9 아빠가 만진 것은 결국 무엇이었는지 쓰시오.

_____

_____

열린교과서

1 다음 대사를 통해 알 수 있는 인물의 성격과 읽는 방법을 쓰시오.

말	성격	읽는 방법
① "이제부터 쥐와 전쟁을 시작한다! 내가 사령관을 맡으마."		
② "오늘 밤에 당장 잡아야한다고……!."		
③ "난 또 무슨 큰일이라고."		

동에 번쩍 서에 번쩍 전우치

※ 다음 글을 읽고, 물음에 답하시오.

　　태어날 때부터 남달랐던 전우치는 한 달 만에 걸음을 떼었고, 오십 일 만에 말을 술술 하였다. 나이가 들수록 재주 또한 뛰어났으나 우치의 부모는 그것이 오히려 걱정이 되었다.
　　"아이가 너무 영민하여 걱정이구료. 행여 재주를 나쁜 곳에 쓸까 걱정이오. 아무래도 부처의 뜻을 가르치는 것이 좋을 듯하오."
　　남편의 말에 부인도 동의하여 우치는 대사가 있는 산으로 보내졌다. 소년 우치가 암자에 머문 지 몇 달이 지난 어느 날이었다. 스님들이 술동이의 술이 줄어든 것이 우치의 짓이라고 의심하여 우치를 크게 꾸짖었다.
　　㉠"어린놈이 벌써부터 술을 마시다니……."
　　괜한 오해를 받은 우치는 억울하여 범인을 잡으려고 광 앞에 숨어 있었다. 그때 술을 먹고 나오던 여우를 붙잡아 대들보에 묶고 호통을 쳤다.
　　㉡"네 이놈! 네놈 때문에 내가 얼마나 곤욕을 치렀는지 아느냐? 내 너를 살려 두지 않겠다."
　　㉢"한 번만 살려 주세요. 한 번만 살려 주시면 반드시 그 은혜를 갚겠습니다."
　　여우가 눈물을 뚝뚝 흘리며 빌었다.

1 ㉠, ㉡, ㉢을 어떻게 읽으면 좋을지 쓰시오.

㉠

㉡

㉢

독서클리닉

「양치기 소년」의 숨겨진 비밀

「양치기 소년」 다시 읽기

어쩌라는 거야~

이런 신호등이 있다면 어떤 일이 벌어질까요?

「양치기 소년」의 숨겨진 비밀

 「양치기 소년」이야기

평화로운 마을에 양 치는 소년이 마을에서 멀리 떨어진 파란 풀밭에서 양을 돌보고 있었어요. 그러던 어느 날 소년은 무척 따분했어요.

"아 심심해. 뭐 재미있는 일 없을까? 그래, 늑대가 나타났다고 소리치면 사람들이 올라오겠지?"

양치기 소년은 마을을 향해 힘껏 소리쳤어요.

"늑대예요! 늑대가 나타났어요!"

사람들은 낫이며 곡괭이를 들고 허겁지겁 달려나왔어요. 소년은 재미있다는 듯이 막 웃으며 말했어요.

"히히히히! 심심해서 그래 본 거예요."

사람들은 어처구니없다는 듯 소년을 바라보았어요. 어느 날 양치기 소년은 또 소리쳤어요.

"늑대다! 늑대가 나타났다!"

그러자 마을 사람들이 또다시 몽둥이를 들고 달려왔어요.

"어디야, 어디?"

"히히히히, 장난이었어요."

"뭐야?"

사람들은 화를 내며 돌아갔지요. 며칠이 지나갔어요. 이번에는 정말로 늑대가 나타났어요.

"느느느~늑대, 늑대가 나타났어요! 정말 늑대라구요!"

소년은 있는 힘을 다해 소리쳤지만 아무도 오지 않았어요. 두 번이나 속았던 마을 사람들은 양치기 소년의 말을 믿을 수 없었지요. 결국 양들은 늑대에게 모두 잡아먹히고 말았답니다.

1 양치기 소년은 '늑대가 나타났다.'고 세 번 소리쳤습니다. 첫 번째 '늑대가 나타났다.'는 말의 의미와, 두 번째와 세 번째 '늑대가 나타났다'는 말의 의미가 마을 사람들에게 어떻게 받아들여졌을지 쓰시오.

- 첫 번째 : _____
- 두 번째 : _____
- 세 번째 : _____

2 다음은 양치기 소년을 변호한 변호사의 글입니다. 변호사의 의견에 대해 나는 어떻게 생각하는지 의견을 쓰시오.

> 양치기 소년은 아이들과 함께 뛰어 놀 나이입니다. 그런데 그 넓은 벌판에서 말 안 통하는 양들과만 하루 종일 지내야 하니 얼마나 답답했겠습니까? 양치기 소년은 사람이 그립고 외로워서 그런 거짓말을 한 것입니다. 그러니 양치기 소년의 나이를 생각하고 양치기 소년의 심정을 헤아려 양치기 소년을 용서해 주시기 바랍니다.
>
> 변호사 이든든 씀

02 「양치기 소년」, 그 뒷이야기

거짓말 딱 두 번 했다 죽은 '양치기 소년'

― 양치기 마을에서, 마을 이장님과의 인터뷰

기자 : 양치기 소년이 늑대에게 처참하게 죽었습니다. 이번 사건에 대해서 한 말씀 해 주시죠, 이장님.

이장 : 그저 슬프다는 말밖에는 드릴 말씀이 없구만유.

기자 : 양치기 소년이 어떤 '**약속**'을 어겼다는 말이 있던데요?

이장 : 사실 '늑대가 나타났다.'라는 말이 '늑대가 어떻게 생겼는지 구경하러 오세요.'라는 뜻은 아니잖아유. 이 말은 원래 '늑대를 물리치고 양을 지키자.'라는 뜻이에유.

좀 길게 말하자면 "여러분, 지금 늑대가 나타나서 양을 잡아먹으려고 하니까 마을 사람 모두가 힘을 합쳐서 못된 늑대를 때려잡게 지금 당장 무기가 될만한 것들을 들고 빨리 달려오세유."라는 뜻이지유. 그러니까 짧게 '늑대가 나타났다.'라고 외치면 '어, 늑대를 물리치러 모이라는 신호네.'라고 알아듣게끔 모두 '**약속**'을 한 거지유. 그런데 소년은 '늑대가 나타났다.'는 말을 "바보 여러분, 제가 지금 거짓말을 하고 있으니 언덕으로 올라와서 또 속아넘어가 주세요."라는 말로 들리게 만든 거유.

사람들이 약속을 어기게 만든 거지유. 저도 '늑대가 나타났다.'라는 말을 듣고 '어서 달려가 봐야겠군.' 하지 않고 '흥, 내가 너한테 또 속을 줄 알고?' 하고서 그냥 가만 있었다니까유.

1 이장님은 '늑대가 나타났다'라는 말은 원래 어떤 뜻으로 약속된 말이라고 하였습니까?

_____

2 사람들이 '늑대가 나타났다'라는 말을 듣고도 소년에게 달려가지 <u>않은</u> 이유는 무엇입니까?

_____

3 친구와 나만 단 둘이 "양은 늑대, 늑대는 양으로 부르자"라고 약속을 하고 보기 와 같이 말했습니다. 두 사람의 대화를 다른 사람이 듣는다면 어떤 반응을 보일지 상상해서 쓰시오.

> **보기**
> ① 어머나 양의 이빨이 날카롭기도 하여라, 고기를 아주 잘 씹어 먹겠네.
> ② 철수는 정말 순한 늑대 같아, 어쩜 그리 착한지, 눈도 정말 예뻐.
> ③ 양이 너무 배가 고파서 마을로 내려와 늑대 두 마리를 잡아먹었대.

_____

4 미국 부시 대통령은 '나는 이라크의 평화를 원합니다.'라고 말을 하고서 이라크에서 전쟁을 일으켰습니다. 부시 대통령은 '평화'라는 말을 원래의 뜻대로 쓰고 있는 것일까요?

03 '원조(元祖)'라는 말의 오염

길을 가다 식당 간판에 붙어 있는 '원조'라는 말을 여러분도 많이 보았죠? 식당 간판에 '원조'라고 붙어 있다면 최초로 그 음식을 만들었다는 뜻이에요. 원조라서 맛있으니 많이 와서 먹으라는 거죠. 여러분, 생각을 한번 해 보세요. 가장 최초로 부대찌개를 만들어 낸 사람은 자기가 원조니까, 간판에 자랑스럽게 원조라고 써 붙여 놓을 겁니다. 이때까지는 아직 원조라는 말은 깨끗한 상태, 곧 오염되지 않은 상태랍니다. 마치 양치기 소년이 거짓말을 하기 전 '늑대가 나타났다'는 말처럼 말이죠.

그러나 사람들이 사실 원조도 아니면서 이 원조라는 말을 간판에 마구 붙이기 시작했어요. 그래서 사람들은 차츰 원조라는 말을 믿지 않게 되었죠. 사람들이 '늑대가 나타났다'라는 말을 더 이상 믿지 않은 것처럼 말입니다.

이제 원조라는 말은 그 힘을 잃어버리고 아무 쓸모없는 말이 되어버렸어요. 왜냐구요? 아무도 원조라는 말만 보고는 '정말 그 식당이 최초고 음식도 맛있겠구나!'라고 생각하지 않게 되었으니까요.

1 원조란 무슨 뜻이라고 하였습니까?

2 각각의 음식에 '원조'를 붙일 수 있는 식당은 몇 집입니까?

3 옆 만화의 원조 '된장 떡볶이집'에서 어떤 일이 생길지 재미있게 써 보시오.

04 2020년의 읽기 교과서?

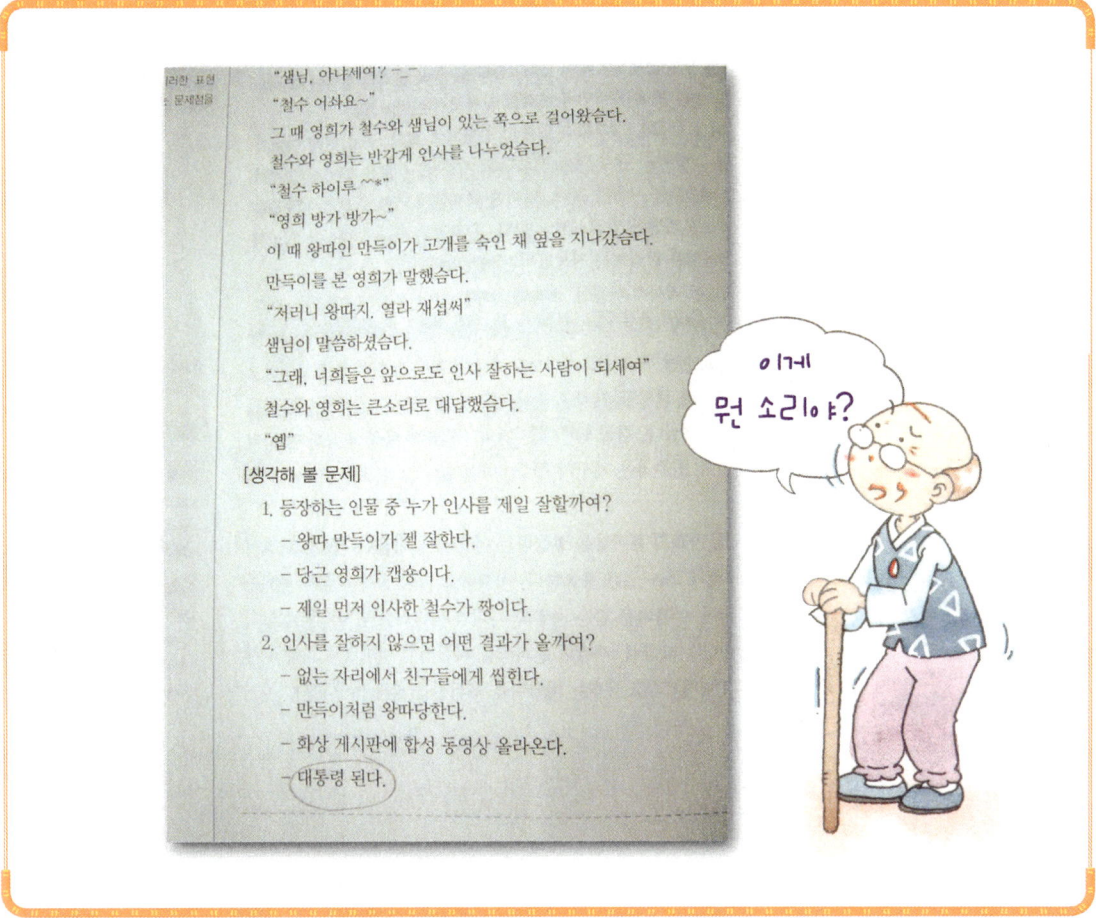

1 앞으로 여러분의 동생들이 배우게 될지도 모를 미래의 읽기 교과서입니다. 지금의 교과서와 비교하면 무엇이 다릅니까?

2 사진 속 읽기 교과서를 본 느낌이 어떠한지 쓰시오.

3 읽기 교과서가 위와 같아진다면 어떤 일이 벌어질지 이야기해 보시오.

05 말도 자꾸 변해요

(가)

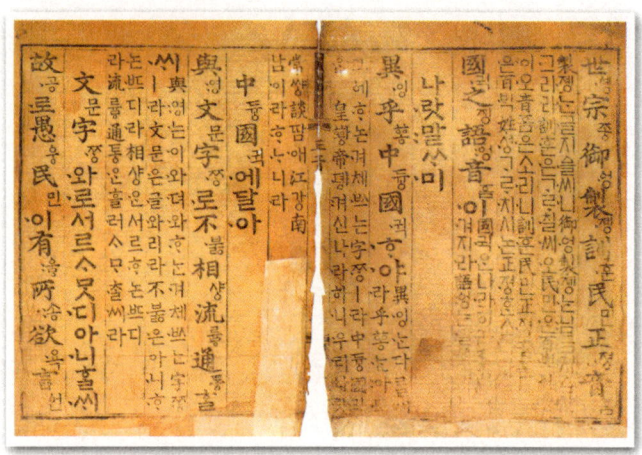

– 세종대왕 당시의 『훈민정음』 해례본

(나) 나라의 말이 중국과 달라서 말과 글이 서로 쉽게 통하지 못하는데 이런 이유로 어리석은 백성들이 말하고자 하는 바가 있어도 결국 자기 뜻을 담아 이야기 못하는 사람이 많다. 내가 그런 백성들을 가엾게 여겨 새로 스물 여덟 자를 만들었으니 사람마다 쉽게 익혀 날마다 써 가면서 편안히 사용할 수 있도록 하기 위함일 뿐이다.

– 현대 우리말로 바꾼 『훈민정음』, 「서문」 중에서

1 (가) 사진 속의 책을 읽을 수 있나요? 책을 보고 느낀 점을 적으시오.

2 (나) 글에서 세종대왕께서 훈민정음을 만든 이유를 무엇이라고 하였습니까?

3 지금까지 (가) 사진 속의 글과 말을 써야 한다면 어떨 것 같습니까?

06 말의 오염을 막는 길은?

— 이빈, 『안녕 자두야』 중에서

1 자두가 잘못 사용한 말들을 올바르게 고쳐 쓰시오.

① ⟶ _____   ② ⟶ _____   ③ ⟶ _____

④ ⟶ _____   ⑤ ⟶ _____   ⑥ ⟶ _____

⑦ ⟶ _____   ⑧ ⟶ _____

물도 욕 먹으면 싫어해요!

※ 다음 사진과 글을 보고, 물음에 답하시오.

에모토 마사루 박사의 실험

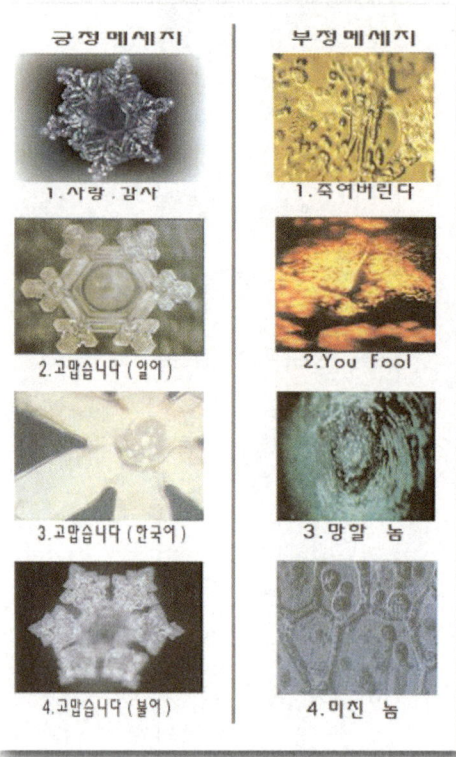

일본의 과학자 에모토 마사루 박사는 물을 가지고 한 가지 실험을 했습니다. 그는 자신의 책 『물은 답을 알고 있다』에서 '모든 생명 에너지의 근원인 물도 살아 있다.' 라고 주장하였습니다.

그의 실험은 보통의 물에 일정 기간 긍정적인 메시지와 부정적인 메시지를 가지고 쳐다보거나 속삭이는 것이었습니다. 그러면 그 물이 말과 생각 때문에 옆의 사진처럼 변한다는 것을 실험을 통해 확인했다고 하였습니다.

– 『물은 답을 알고 있다』 중에서

1 긍정 메시지(사랑, 감사)와 부정 메시지(죽여버린다)를 들은 물의 결정은 각각 어떻게 달라 보이나요? 여러분의 느낌을 적으시오.

① 긍정 메시지 _____

② 부정 메시지 _____

2 이 사진이 말하고자 하는 것은 무엇인지 쓰시오.

_____

_____

정보를 찾아서

『말하기·듣기』·『읽기』_ 2 정보를 찾아서

간을 어디다 뒀더라?

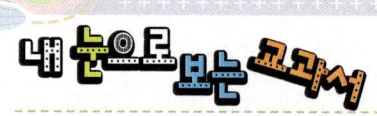

01 설명하는 말을 들을 방법

듣기　말하기　쓰기　교과서 25~41쪽 | 학습 목표 : 설명하는 말을 듣는 방법을 알 수 있다.

(가)　제주도 전통 가옥의 특징은 집이 낮고, 담이 돌로 되어 있으며, 대문이 없다는 것입니다.
　　이러한 제주도의 전통 가옥은 지붕을 굵은 밧줄로 바둑판처럼 엮어 놓았습니다. 이것은 거센 바람을 견디기 위한 지혜로운 건축 기술이었습니다. 그리고 1년 또는 2년에 한 번씩 지붕을 다시 덮었습니다.
　　제주도의 담은 낮고 돌로 만들었습니다. 겉으로 보기에는 허술해 보여도 제주도의 바람을 잘 막아 줍니다.
　　제주도의 전통 가옥에는 대문이 없습니다. 입구에 돌을 세우고 나무를 걸쳐 놓아 주인이 돌아오는 시기를 알립니다.

(나)
지용 : 제주도의 전통 가옥은 지붕을 굵은 밧줄을 바둑판처럼 엮어 놓았다. 거센 바람을 견디게 하기 위한 지혜로운 건축 기술이었다. 1년 또는 2년에 한 번씩 지붕을 다시 덮었다.
가인 : 제주도의 전통 가옥에는 대문이 없다. 입구에 돌을 세우고 나무를 걸쳐 놓아 주인이 돌아오는 시기를 알린다.

1 글 (가)는 무엇에 대해 설명하고 있습니까?　(　　)

① 제주도의 역사
② 제주도의 전통 음식
③ 제주도의 전통 놀이
④ 제주도의 전통 가옥
⑤ 제주도의 관광 명소

2 제주도 전통 가옥의 특징 두 가지를 골라 기호를 쓰시오.　(　　)

㉠ 집이 높다.
㉡ 담이 돌로 되어 있다.
㉢ 대문이 높다.
㉣ 지붕을 밧줄로 엮어 놓는다.

3 글 (가)는 글 (나)를 듣고 정리한 것입니다. 같은 설명을 듣고 정리한 글이 서로 다른 까닭은 무엇일까요?

① 듣는 목적이 달라서
② 서로 다른 것을 보고 있어서
③ 서로 이해하는 방법이 달라서
④ 설명하는 내용을 정확하게 몰라서
⑤ 설명하는 내용을 주의 깊게 듣지 않아서

* 다음 글을 읽고, 물음에 답하시오.

음식도 만들고 난방도 하는 부엌

　부엌은 집 안에서 밥을 짓거나 그 밖의 음식을 만드는 곳입니다. 오늘날에는 전기 밥솥에 밥을 짓고, 가스 불로 음식을 만들지만 옛날에는 솥을 걸고 그 아래서 나무에 불을 지펴서 조리했습니다.
　불을 때기 위해 만든 구멍은 아궁이, 그 아궁이 위에 흙과 돌로 쌓아 올린 턱에 솥을 걸어놓은 편편한 언저리는 부뚜막입니다.
　아궁이에서 나무를 때어 밥을 짓고, 그 나머지 열로 방을 따뜻하게 데웁니다. 따라서 ㉠ <u>부엌은 반드시 방에 접해 있어야 하고</u>, 부엌 바닥은 방바닥보다 훨씬 낮아야 합니다.
　그래서 바닥에 쪼그려 앉아 아궁이에 불을 땠으며, 반찬을 만들고 솥에서 밥을 푸거나 국을 뜰 때에도 허리를 구부릴 수밖에 없었지요. 옛날 어머니들이 부엌에서 일하면서 "아이고 허리야."라고 한 것은 부엌의 구조가 이렇게 불편했기 때문입니다.
　부엌 바닥이 마당보다 낮았기에 부엌 문턱은 자연히 높았습니다. 부엌에서 음식을 가지고 방으로 가려면, 부엌 바닥 턱을 딛고 문턱을 넘어 마당 쪽으로 나가 댓돌 위에서 마루로 올라갑니다. 이어서 방문 앞으로 다가가 밥상을 내려놓고 문을 연 다음에 다시 밥상을 들고 방 안으로 들어갔습니다.
　이처럼 불편한 점도 있지만, 부엌 바닥이 방바닥보다 낮은 것을 활용해 부엌 상부에 다락을 꾸며 집에 필요한 물건을 보관하고, 또 안방에서 다락에 드나들며 공간을 사용하도록 한 구조에서 대단한 지혜를 엿볼 수도 있습니다.

1 아궁이와 부뚜막의 뜻을 정리하시오.

• 아궁이 : _____

• 부뚜막 : _____

2 옛날 집의 부엌이 ㉠과 같은 구조여야 하는 까닭을 쓰시오.

02 사전에서 시치미 찾기

🟠 읽기 📖 교과서 30~32쪽 | 학습 목표: 여러 가지 사전에 대해 알 수 있다.

- 글의 종류 설명하는 글
- 글의 특징 '시치미를 떼다'라는 말이 고려 시대의 매사냥에서 유래되었음을 설명하는 글

　'시치미 떼다'라는 말이 어떻게 만들어졌는지 알려면 멀리 고려 시대까지 거슬러 올라가야 한다. 고려 시대에는 매사냥을 많이 하였다. 매사냥은 길들인 매를 이용하여 짐승들을 사냥하는 것을 말한다. 매를 구하여 사냥매로 길들이는 일은 무척 힘들었다. 그래서 매사냥은 왕족과 신분이 높은 귀족들만 즐길 수 있었다.

　그런데 매사냥의 인기가 치솟다 보니 사냥매가 사라지는 일이 가끔 일어났다. 훌륭한 사냥매는 아주 비싼 값에 거래되었기 때문에 누군가 훔쳐 가는 일이 생겼다. 귀족들은 자기 매를 훔쳐 가지 못하게 이름표를 달았는데, 이 이름표가 바로 '시치미'이다.

　하지만, 시치미를 붙인 뒤에도 도둑은 사라지지 않았다. 매를 훔친 뒤에 시치미를 떼어 버리면 누구의 매인지 알 수 없기 때문이었다. 바로 여기에서 '시치미 떼다'라는 말이 나왔다.

1 (가)에서 남자 어린이가 국어사전을 찾은 까닭은 무엇입니까? (   )

① 시치미의 뜻을 알기 위해
② 시치미의 모양을 알기 위해
③ 시치미의 유래를 알기 위해
④ 시치미에 얽힌 속담을 알기 위해
⑤ 시치미에 얽힌 전설을 알기 위해

2 (나) 사전의 가장 큰 특징은 무엇입니까? (   )

① 낱말의 뜻만 알 수 있다.
② 찾는 데 시간이 적게 걸린다.
③ 우리말 유래가 잘 정리되어 있다.
④ 모든 지식을 검색으로 찾을 수 있다.
⑤ 검색 기능으로 빠르게 찾을 수 있다.

3 고려 시대에 쓰이던 '시치미'의 뜻과 '시치미 떼다'의 뜻을 알맞게 선으로 연결하시오.

(1) 시치미 •   • ㉠ 매에 단 이름표

(2) 시치미 떼다 •   • ㉡ 자기가 하고도 아니한 체, 알고도 모르는 체하는 태도

조삼모사

춘추 시대 송나라에 저공이란 사람이 있었다. 저공은 원숭이를 좋아해서 꽤 많은 원숭이를 길렀는데, 그 수가 점점 많아져 먹이를 대기가 어려웠다.

저공은 고민 끝에 원숭이에게 주는 먹이의 양을 줄이기로 했다. 하지만 원숭이들에게 그 얘기를 꺼내기는 쉽지 않았다. 그래서 기회를 엿보다가 원숭이들에게 조심스럽게 물었다.

"앞으로는 도토리를 아침에 세 개, 저녁에 네 개 주면 어떨까?"

그러자 원숭이들은 이리 펄쩍 저리 펄쩍 뛰며 난리를 쳤다. 저공은 눈치를 보다가 인심 쓰는 척하며 이렇게 말했다.

"그럼 도토리를 아침에 네 개, 저녁에 세 개씩 주면 되겠는가?"

그 말에 원숭이들은 엎드려 절하고 박수를 치며 기뻐했다.

1 이 글의 내용을 바탕으로 '조삼모사'는 어떤 행위를 이르는 말인지 쓰시오.

03 더 알고 싶어요

읽기 | 교과서 39~40쪽 | 학습 목표: 글을 읽고, 새로 알게 된 내용을 정리할 수 있다.

백일홍

- 글의 종류 설명하는 글
- 중심 글감 백일홍
- 중심 생각 백일홍이란 이름의 유래, 원산지, 특징 등에 대하여 설명해 놓은 식물도감의 내용

1　백일홍은 심어 기르는 한해살이풀이에요. 꽃이 백일 동안 핀다고 백일홍이라는 이름이 붙었지요. 이름처럼 7월부터 10월에 걸쳐 세 달 동안 꽃이 피어 있어요.

　원산지는 멕시코인데, 1757년에 독일 식물학자가 개량하여 여러 나라에서 심어 기르게 되었대요. 우리나라에서 심어 기른 지는 200년쯤 된다고 해요.

2　백일홍은 줄기가 곧고, 높이는 1미터쯤 되어요. 잎은 잎자루가 없이 마주나지요. 잎은 끝이 뾰족하고 기다란 달걀 모양인데, 밑부분이 줄기를 감싸고 있어요. 잎이나 줄기에는 털이 있어서 거칠어요. 꽃은 줄기와 가지 끝에서 한 송이씩 피어나요. 가장자리 꽃잎은 혀같이 생겼고, 가운데 모여 있는 꽃은 대롱처럼 생겼지요. 꽃은 붉은색이 많고 노란색이나 흰색도 있어요.

3　백일홍은 향기가 없고 꽃 모양도 뛰어나게 화려하지 않아요. 그러나 웬만한 가뭄이나 더위에도 끄떡없이 꽃을 피우는 데다 석 달이나 피어 있어서 여름철에 가꾸기 좋은 꽃이지요. 또, 기르기가 쉬워서 햇빛만 잘 들면 쉽게 꽃을 피울 수 있어요. 요즈음은 꽃꽂이용으로도 많이 기르지요.

1 글 **1**을 읽고 알 수 있는 내용은 어느 것입니까? ( )

① 백일홍의 색깔
② 백일홍의 냄새
③ 백일홍의 쓰임
④ 백일홍의 생김새
⑤ 백일홍이 피는 시기

2 '백일홍'이라는 이름이 붙은 까닭은 무엇입니까? ( )

① 한해살이풀이기 때문에
② 꽃이 백일 동안 피기 때문에
③ 원산지가 멕시코이기 때문에
④ 독일 식물학자가 개량하였기 때문에
⑤ 우리나라에서 기른 지 200년이 되었기 때문에

3 글 **2**를 다음과 같이 정리하였습니다. ( ) 안에 알맞은 말을 쓰시오.

줄기 : 곧고 높이가 1미터쯤 됨.

가장자리 꽃잎 : 혀같이 생김

잎 : ( )

가운데 모여 있는 꽃 : ( )

4 백일홍을 여름에 가꾸기 좋은 까닭을 쓰시오.

_____

_____

벌레가 곤충이라고 생각하는 사람들이 많은데 모든 벌레가 다 곤충은 아니다. 예를 들면 집게벌레, 메뚜기, 딱정벌레, 흰개미, 개미 벌, 바퀴벌레, 파리, 잠자리, 나비 등은 곤충이지만 거미, 지네, 달팽이, 진드기, 거머리 등은 곤충이 아니다. 곤충은 몸이 머리, 가슴, 배의 세 부분으로 돼 있고, 머리끝에 더듬이가 한 쌍 달려 있다. 그리고 몸통에는 다리가 세 쌍 달려 있다. 이와 같은 공통된 특징을 가진 것들만 곤충이라고 할 수 있다.

1 곤충의 세 가지 특징을 쓰시오.

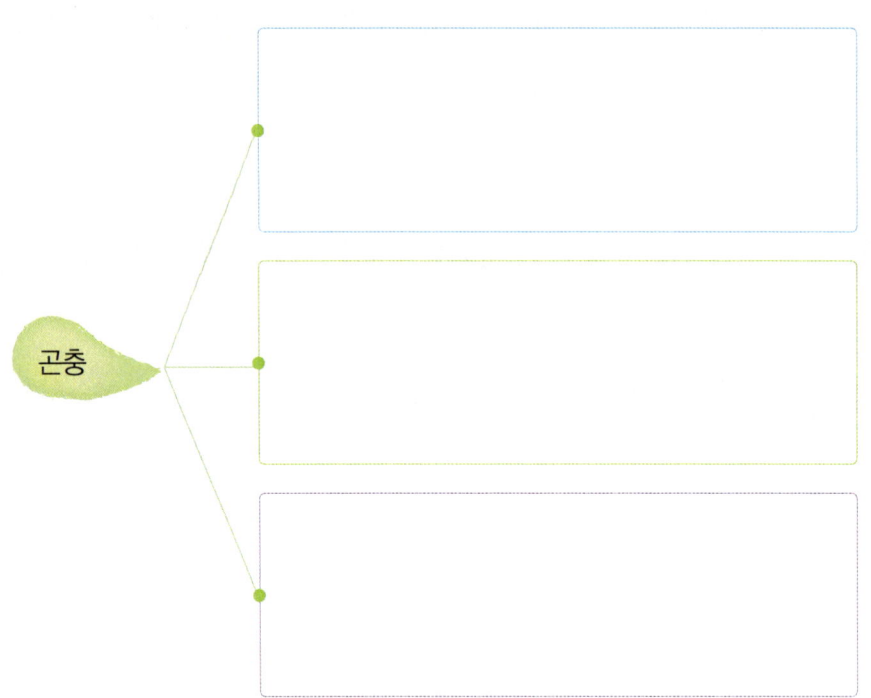

2 1에서 정리한 내용을 바탕으로 '곤충'의 뜻을 쓰시오.

_____
_____

나라마다 음식이 달라요

※ 다음 글을 읽고, 물음에 답하시오.

세계의 다양한 기후만큼 음식의 종류도 다양하다. 기후에 따라 음식의 재료도 다르고 조리법도 달라지기 때문이다. 여기에 그 나라의 종교와 문화까지 더해지면 음식의 종류는 더 다양해진다.

터키는 강수량이 매우 적은 건조 기후에 속한다. 짧은 풀이나 키 작은 나무들이 자라는 스텝 기후 지역이라서 양을 키우며 풀을 찾아 이동을 하며 살았다. 그래서 금방 만들어서 먹을 수 있는 쉽고 간편한 요리가 발달했다. 그 쉽고 간편한 요리 중 하나가 '케밥'이다. 케밥은 소고기, 양고기, 닭고기 등을 꼬챙이에 끼워 불에 구운 뒤에 얇게 썰어서 빵에 싸서 먹는 음식이다.

열대 기후인 타이에는 비옥한 평야가 많아 쌀을 많이 재배한다. 그래서 쌀밥과 함께 먹을 수 있는 육류 요리나 볶음밥이 발달했다. 그리고 쌀로 만든 국수에 닭고기나 돼지고기 육수를 부어 먹는 쌀국수도 유명하다.

독일은 여름에 서늘하고 겨울에 따뜻하면서 일 년 내내 비가 고르게 내려서 곡물을 재배하기 힘들다. 그래서 가축을 많이 기른다. 특히 돼지를 많이 키우기 때문에 돼지로 만든 소시지가 발달했다. 우리가 알고 있는 '프랑크 소시지'는 돼지 살코기에 채소와 향신료를 넣어 양념한 것이다. 독일의 소시지는 지방마다 그 맛과 종류가 다양하다.

1 각 나라의 음식에 맞게 줄로 연결하시오.

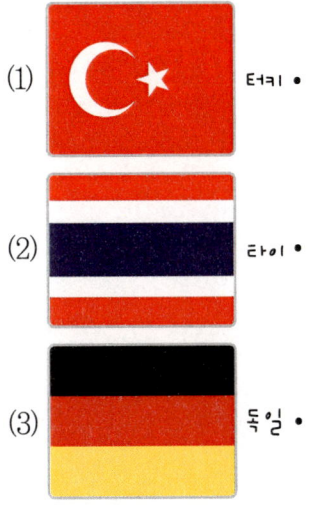

(1) 터키 •   • ㉠ 소고기, 양고기, 닭고기 등을 꼬챙이에 꽂아 구운 뒤에 얇게 썰어 빵에 싸 먹는 케밥.

(2) 타이 •   • ㉡ 돼지 살코기에 채소와 향신료를 넣어 양념한 소시지.

(3) 독일 •   • ㉢ 쌀로 만든 국수에 닭고기나 돼지고기 육수를 부어 먹는 쌀국수.

2 기후에 따라 먹는 음식이 달라지는 까닭을 말해 보시오.

한솥밥을 먹다

'한솥밥을 먹다'라는 말이 있습니다. 한솥밥은 '같은 솥에서 푼 밥'이라는 뜻이 있고, '한솥밥을 먹다'라는 말에는 한가족이 되었다는 뜻을 가지고 있습니다. 그래서 ㄱ가수와 ㄴ영화배우가 같은 회사에 속해 일을 하거나, ㄷ선수와 ㄹ선수가 같은 팀에 속해 야구를 하게 될 경우 'ㄱ과 ㄴ이(또는 ㄷ과 ㄹ이) 한솥밥을 먹게 되었다'고 표현합니다. 왜 한가족이 되었다는 것을 한솥밥이라고 표현하게 되었을까요? 옛날 집에서 솥은 소중한 역할을 했습니다. 밥도 짓고, 누른 밥으로 숭늉도 끓이고, 메주도 쑤고, 잔치가 있을 때에는 돼지와 같은 짐승도 삶고, 소여물도 쑤고, 물을 데워 목욕도 했습니다. 한솥에서 나온 밥을 나누어 먹는다는 것은 그만큼 정이 깊다는 것을 의미합니다. 한솥밥을 먹고 안 먹고는 한국인에게 큰 뜻을 지닙니다.

영재이 클리닉

교통이 제법일세

나도 태워 줘!

『사회』_ 1. 우리 지역의 자연환경과 생활 모습

전기로 나는 비행기와
전기로 달리는 기차가 나온대요.
미래엔 또 어떤 교통수단이 나올까요?

자연환경, 산업, 교통이 생활을 바꾼다

사회 | 교과서 16~20쪽 | 학습 목표: **우리 지역의 자연환경과 생활 모습을 알 수 있다.**

자연환경과 생활

자연환경은 인간의 생활, 활동, 산업 등에 관련된 자연적 배경을 말하며, 지형, 기후, 흙, 바다 등이 있습니다. 지역의 기후와 지형은 지역 사람들의 생활, 활동, 산업 등에 큰 영향을 줍니다.

바람이 많은 제주도에서는 돌담을 쌓아 바람을 막고, 밧줄로 지붕을 단단히 묶어서 지붕이 날아가지 않도록 합니다. 눈이 많이 내리는 울릉도에서는 우데기로 벽을 만들어 눈이 집 안으로 들어가지 못하게 합니다. 그리고 기온이 낮고 일교차가 큰 대관령에는 황태 덕장이 많습니다. 기온이 낮고 일교차가 큰 대관령의 기후가 얼렸다 녹였다를 반복하면서 만들어지는 황태 만들기에 알맞기 때문입니다.

기후와 함께 생활에 영향을 많이 주는 것이 지형입니다. 편평한 땅이 펼쳐져 있는 평야 지역에서는 기계를 이용해서 논농사를 짓지만 높은 산지와 비탈진 땅으로 이루어진 산간 지역에서는 소와 쟁기를 이용해서 밭농사를 지을 수밖에 없습니다. 그리고 바다가 가까운 해안 지역에서는 바다에 나가 고기를 잡고 굴, 김 등을 양식하거나 갯벌에서 조개 굴 등을 캐서 생활을 합니다. 이렇게 지형에 따라 주민들의 생활 모습이 달라집니다.

🔾 제주도의 돌담

🔾 울릉도의 우데기

1 다음 ☐ 안에 들어갈 알맞은 말을 쓰시오.

> 자연환경은 사람들의 생활, 활동, 산업 등에 영향을 주는데 특히, ☐ 과 지형의 영향이 크다.

(   )

2 다음에서 설명하는 것이 무엇인지 쓰시오.

> 울릉도의 집에서 볼 수 있는 것으로, 눈이 집 안으로 들어가지 못하게 지붕의 처마를 따라 세운 벽이다.

(   )

3 평야 지역과 산간 지역의 농사짓는 방법이 다음과 같이 다른 까닭은 무엇입니까?

(   )

구분	공통점	차이점
평야 지역	· 땅을 이용함. · 농사를 지음.	땅이 넓고 편평해서 기계를 이용해서 논농사를 지음.
산간 지역		비탈진 산지로 이루어져 있어서 소와 쟁기를 이용해서 밭농사를 지음

① 기후가 달라서   ② 역사가 달라서
③ 공기가 달라서   ④ 지형이 달라서
⑤ 도구가 달라서

※ 다음 자료를 보고, 물음에 답하시오.

농촌과 도시가 달라요

희선 : 아버지, 할머니 할아버지께서 사시는 농촌은 우리가 사는 도시만큼 복잡하지 않고 공기도 맑아서 참 좋아요.

아버지 : 그래, 도시에는 사람이 많아서 복잡하고 자동차나 공장이 많아서 환경오염도 심하지.

희선 : 도시에는 사람이 많이 사는데 농촌에는 왜 사람이 많이 안 살지요?

아버지 : 농촌은 자연에서 직접 생산물을 얻는 1차 산업이 발달한 반면 도시는 제조업이나 건설업 등을 하는 2차 산업과 서비스 산업이라고도 하는 3차 산업이 발달했어. 2차 산업과 3차 산업이 발달한 도시에 일자리가 많으니까 많은 사람들이 직업을 구하기 위해 도시로 몰린 거지. 그래서 도시에는 사람이 많고 농촌에는 사람이 없는 거란다.

희선 : 아, 그렇군요. 그럼 농촌에도 2차 산업과 3차 산업을 발달시키면 되지 않을까요?

아버지 : 농촌은 도시에 비해 교통로나 교통 시설이 부족해. 그래서 많은 사람과 물자가 이동하기 힘들지. 2차 산업과 3차 산업은 사람과 물자의 이동이 쉬워야 발달한단다.

⇧ 도시의 모습

⇧ 농촌의 모습

4 농촌에 대한 설명으로 알맞지 <u>않은</u> 것은 어느 것입니까? ( )

① 인구가 적다.
② 공기가 맑고 조용하다.
③ 1차 산업이 발달하였다.
④ 교통과 산업이 발달하였다.
⑤ 교통로와 교통 시설이 부족하다.

5 ㉠, ㉡에 들어갈 알맞은 말을 쓰시오.

> 도시는 사람들이 많고, 자동차가 많아 전체적으로 복잡하다. 2차 산업과 (㉠)이 발달하였고, 다양한 (㉡)이 발달하였다.

㉠	㉡

6 인구가 많은 곳의 특징 두 가지를 쓰시오.

Step by Step 논술

01 옛날에는 자동차가 없었다는데

※ 다음 자료를 보고, 물음에 답하시오.

아직 탈것이 발명되지 않고 길도 닦이지 않아 구불구불했던 원시시대에는 두 발로 걷는 것이 유일한 교통수단이었어요. 무거운 것을 운반할 때도 어깨에 둘러매다가 막대기에 매달아 여럿이 운반하는 방법을 생각해 냈지요. 그러다 통나무 위에 짐을 올려놓고 굴리는 방법을 생각하게 되고, 인류의 발전에 많은 영향을 미친 바퀴가 탄생하게 되지요. 바퀴가 발명되면서 수레나 달구지 같은 교통수단을 발명하게 되고 이러한 탈것의 등장으로 사람들의 이동이 빨라졌지요. 바퀴를 이용해서 만든 탈것은 사람의 힘으로 움직이는 데 어려움이 많았어요. 그래서 소나 말, 개 같은 동물을 길들인 다음 그들의 힘을 이용했답니다.

1 다음은 인간이 가축의 힘을 이용하기까지의 교통의 발달 과정을 정리한 것입니다. 빈 칸에 들어갈 알맞은 말은 어느 것입니까? ( )

> 두 발로 걷고 두 팔로 들기 ➡ 막대기 이용하기 ➡ 통나무 위에서 굴리기
> ➡ ( ) ➡ 동물의 힘 이용하기

① 기차의 탄생 ② 바퀴의 탄생
③ 지레의 탄생 ④ 자동차의 탄생
⑤ 비행기의 탄생

※ 다음 글을 읽고 물음에 답하시오.

우리 조상들은 교통수단을 사람을 태우는 데 사용하기보다는 짐을 이동하는 데 주로 사용했어요. 짐을 등에 지고 나를 수 있게 만든 지게와 손으로 끌어 짐을 나르는 손수레를 사용했지요. 그리고 소나 말의 힘을 이용해서 짐을 실어 나르는 달구지도 많이 사용했어요. 사람을 실어 나르는 수단으로는 가마가 있지요. 하지만 가마는 일반 백성들은 쉽게 이용할 수 없고 왕족이나 양반들만 이용할 수 있는 교통수단이었어요. 그러다 1884년에 사람을 태울 수 있는 수레인 인력거가 우리나라에 들어왔어요. 인력거는 오늘날의 택시처럼 인력거꾼에게 돈을 내고 타면 인력거꾼이 인력거를 끌고 목적지까지 데려다 주었답니다.

2 다음 ☐ 안에 들어갈 알맞은 말을 쓰시오.

우리 조상들은 사람을 태우기보다는 ☐☐☐☐☐ 하는 데 교통수단을 사용하였다.

3 다음 중 우리 조상들이 사용한 교통수단이 <u>아닌</u> 것은 어느 것입니까? ( )

① 가마　　　　　　　② 손수레
③ 달구지　　　　　　④ 열기구
⑤ 인력거

4 다음에서 설명하는 것이 무엇인지 쓰시오.

오늘날의 택시처럼 돈을 내고 타면, 사람이 끌고 열심히 달려 원하는 곳으로 데려다 준다.

( )

02 교통이 점점 발달해요

　칙칙폭폭, 기차를 타고 달리는 철도 교통은 1776년, '제임스 와트'가 '증기 기관'을 발명하면서 시작되었어요. 증기 기관을 기차에 달아 움직이게 한 것이 바로 증기 기관차이지요. 증기의 힘으로 터빈을 돌려서 기차 바퀴가 움직이도록 만든 증기 기관차는 당시 주된 교통수단이었던 마차보다 몇 십 배나 더 많은 사람을 한 번에 나를 수 있어서 인기가 높았어요. 하지만 물과 석탄을 싣고 다니느라 무거워 속도가 느리고 공기를 오염시킨다는 단점이 있었지요. 이런 문제점을 보완한 것이 디젤 기관차예요. 디젤 기관차는 석탄 대신 석유의 일종인 경유를 사용하여 움직이는 기차인데, 운전이 간단하고 속도도 빠르며 오염 물질도 적게 나왔어요. 하지만 디젤 기관차 역시 매연 문제를 완전히 해결할 수 없었고, 소음 문제도 있었지요. 그래서 매연도 없고, 소음도 없는 전기 기관차가 발명되었는데, 당시 기술로는 힘이 센 전차를 만들지 못해 점차 사라졌어요. 그러다가 컴퓨터로 전기를 다룰 수 있게 되면서 눈부시게 빠른 속도로 전기 기관차가 발전했지요. 오늘날의 전기 기관차는 지하철과 고속 철도라는 이름으로 수많은 도시에서 사용되고 있어요. 전기 기관차는 빠르고, 조용하며, 환경에도 해를 덜 끼치기 때문에 앞으로 철도는 대부분 전기 기관차로 바뀔 거예요.

　기차는 물자를 운송하는 데 중요한 수단이지만 철도가 있는 곳에서만 다닐 수 있고, 가까운 곳을 잠깐씩 다니기에는 어려움이 있어요. 하지만 자동차는 길이 있는 곳이면 어디든 다닐 수 있어서 편리하지요. 최초의 자동차는 1769년 프랑스의 군사 기술자가 만든 증기 자동차예요. 하지만 증기 자동차는 앞바퀴로 방향을 잡고 달리는데 앞바퀴가 무거워서 방향을 조절하기가 어렵고 소음과 매연이 심했어요. 이러한 단점 때문에 증기 자동차가 인기를 잃을 즈음 가솔린 자동차가 세상에 나왔어요. 하지만 가솔린 자동차 역시 소음과 매연 문제를 완전하게 해결하지 못해 최근 세계 각국에서는 전기 자동차를 활발하게 개발하고 있어요. 앞으로 성능 좋은 전기 자동차가 도로 위를 쌩쌩 달리는 걸 볼 수 있을 거예요.

1 증기 기관차에 대한 설명으로 알맞지 <u>않은</u> 것은 어느 것입니까? ( )

① 증기 기관을 자동차에 달아 움직이게 한 것이다.
② 증기의 힘으로 터빈을 돌려서 기차 바퀴가 움직인다.
③ 마차보다 몇 십 배나 많은 사람을 한 번에 나를 수 있다.
④ 속도가 느리며 오염 물질을 많이 배출한다는 단점이 있다.
⑤ 석유의 일종인 경유를 사용하여 엔진을 돌리고 움직이게 한다.

2 철도 교통의 발달 과정을 정리해 보시오.

| | ➡ | | ➡ | |

3 다음은 철도 교통의 문제점을 정리한 것입니다. 다음 빈칸에 들어갈 알맞은 말을 쓰시오.

> 기차는 물자를 운송하는 데 중요한 수단이지만 ( )가 있는 곳에서만 다닐 수 있고, 크기가 커서 가까운 곳을 다니기에는 어려움이 있다.

( )

4 최근 세계 각국에서 활발하게 개발하고 있는 자동차는 무엇인지 쓰시오.

03 지구가 점점 좁아져요

　라이트 형제가 만든 플라이어 호가 처음 하늘을 난 후 세계 여러 나라에서 비행기 개발에 박차를 가해 오늘날에는 비행기를 타고 세계 곳곳을 여행하게 되었어요. 세계 어디든 가장 빠른 속도로, 안전하고 편안하게 실어다 주는 비행기는 오늘날 없어서는 안 될 중요한 교통수단이 되었어요. 비행기도 놀라운 교통수단인데, 미래에는 더 훌륭한 교통수단들이 나올 거라고 해요. 그럼 미래의 교통수단의 특징에 대해 좀 알아볼까요?

　미래의 교통수단은 첫째, 최첨단 연료를 사용하여 빠른 속도로 달릴 수 있고, 환경을 오염시키지 않아요.

　둘째, 인공지능형 컴퓨터 엔진이 스스로 운전을 하기 때문에 운전 기사를 따로 두지 않고도 차 안에서 일을 하거나 공부를 할 수 있지요.

　셋째, 사고 방지 시스템이 장착되어 있어서 사고가 일어나지 않도록 해 준답니다.

　넷째, 사람의 몸에 딱 맞고 편안한 구조로 만들어져서 차를 타거나 비행기를 타도 전혀 피곤하지 않을 거예요.

1 미래의 교통수단의 특징을 정리하시오.

2 미래의 교통수단이 세상을 어떻게 변화시킬지 쓰시오.

이 생각 저 생각

나랑 토의 좀 하자.

『말하기·듣기』·『읽기』_ 3 이 생각 저 생각

01 앉을 자리 정하기

듣기 ● 말하기 📖 교과서 43~59쪽 | 학습 목표 : 토의하는 방법을 알 수 있다.

(가)

대희 : 지금부터 '자리를 어떻게 정할 것인가?'에 대하여 토의를 시작하겠습니다. 손을 들어 의견을 발표하여 주시고, 다른 사람의 말을 끝까지 들어 주시기 바랍니다. 지후가 발표하여 주십시오.

지후 : 일찍 오는 순서대로 앉고 싶은 자리에 앉았으면 좋겠습니다. 친한 친구와 앉고 싶은 자리에 같이 앉을 수 있기 때문입니다.

대희 : 서윤이가 발표하여 주십시오.

서윤 : 키가 작은 사람이 키 큰 친구 뒤에 앉으면 칠판 보기가 힘듭니다. 그래서 저는 키 순서대로 앉아야 한다고 생각합니다. 키 순서대로 앉으면 키가 작은 사람도 칠판을 잘 볼 수 있을 것입니다.

(나)

대희 : 키 순서대로 앉자는 의견이 많습니다. 지후의 생각을 다시 듣고 싶습니다.

지후 : 저는 친한 친구와 같이 앉으려고 일찍 오는 순서대로 앉자고 하였는데, 동주의 의견을 듣고 보니, 공부에 방해가 될 것 같습니다. 서윤이의 의견처럼 키 순서대로 앉는 것이 더 좋을 것 같습니다.

동주 : 저도 동의합니다. 시력이 좋지 않은 사람은 앞쪽 가장자리에 앉으면 뒷사람에게 방해되지도 않고, 칠판 글씨도 잘 보이기 때문입니다.

1 이 글의 토의 주제는 무엇인지 쓰시오.

_____

2 지후의 의견과 서윤이의 의견을 정리하여 쓰시오.

지후의 의견	서윤이의 의견

3 토의 절차 중, 적절한 의견을 찾기 위해 의견의 장점과 단점을 비교하며 듣는 때는 언제입니까? ( )

① 의견 나누기　② 의견 모으기
③ 주제 소개하기　④ 의견 결정하기
⑤ 사회자 정하기

4 글 (나)의 내용으로 보아, 친구들이 어떤 결정을 했을지 쓰시오.

_____

* 별명에 대해서 생각해 보고, 다음 물음에 답하시오.

별명, 불러야 할까? 말아야 할까?

별명을 부르는 것을 어떻게 생각하나요?

찬성
(좋아요)

슛 골인! 우하하
내 별명은 반지의 제왕.
남들이 모두 부러워하는
별명이지.

반대
(싫어요)

헤헤헤헤헤
나, 옥동자라고 부르지 마.
놀리는 것 같단 말이야.
난 전종철인데……

1 별명을 부르는 것에 대한 내 의견을 쓰고, 그렇게 생각하는 까닭도 쓰시오.

_____
_____

2 내 별명은 무엇인가요? 왜 그런 별명이 붙어졌나요?

_____

3 내가 내 별명을 붙인다면 무엇이라고 하고 싶은지 쓰고, 까닭도 써 봅시다.

_____

02 의견을 비교하며 읽는 까닭

> 읽기 | 교과서 52~53쪽 | 학습 목표: 의견을 비교하며 글을 읽어야 하는 까닭을 알 수 있다.

목화값은 누가 물어야 하나?

- 글의 종류 옛이야기
- 글의 특징 목화 장수들의 의견과 그렇게 생각하는 까닭이 잘 드러나 있는 이야기

1 옛날, 어느 마을에 목화 장수 네 사람이 살고 있었다. 그들은 싼 목화가 있으면 함께 사서 큰 광 속에 보관하여 두었다가 값이 오르면 팔았다. 그런데 그 광에는 쥐가 많아 목화를 어지럽히기도 하고, 오줌을 싸기도 하였다. 목화 장수들은 궁리 끝에 광에 고양이를 기르기로 하고 똑같이 돈을 내어 고양이를 샀다. 그러고는 공동 책임을 지기 위하여 고양이의 다리 하나씩을 각자 몫으로 정하고 보살피기로 하였다.

2 어느 날, 고양이가 다리 하나를 다쳤다. 그 다리를 맡은 목화 장수는 고양이 다리에 산초 기름을 발라 주었다. 그런데 마침 추운 겨울철이라, 아궁이 곁에서 불을 쬐던 고양이의 다리에 불이 붙고 말았다. 고양이는 얼른 시원한 광 속으로 도망을 쳐서 목화 더미 위에서 굴렀다. 순식간에 목화 더미에 불이 번져 광 속의 목화가 몽땅 타 버리고 말았다.

3 네 명의 목화 장수는 뜻하지 않게 큰 손해를 보게 되었다. 그러자 고양이의 성한 다리를 맡고 있던 세 명의 목화 장수가 투덜투덜 불평을 늘어놓았다.

"이번 불은 순전히 고양이의 아픈 다리를 맡고 있던 저 사람 때문이야. 하필이면 불이 잘 붙는 산초 기름을 발라 줄 게 뭐야?"

"맞아. 그러니 목화값을 그 사람에게 물어 달라자."

세 사람은 고양이의 아픈 다리를 맡고 있던 사람에게 목화값을 물어내라고 하였다. 억울한 그 목화 장수는 절대 목화값을 물어 줄 수 없다며 큰 싸움을 벌였다.

"불이 붙은 고양이가 광으로 도망칠 때는 성한 세 다리로 도망쳤잖아? 그러니까 광에 불이 난 것은 순전히 너희가 맡은 세 다리 때문이야."

아무리 싸워도 해결이 나지 않자, 네 사람은 고을 사또를 찾아가 판결을 해 달라고 부탁하였다.

1 목화 장수들이 고양이를 기르기로 한 까닭은 무엇이었습니까? ( )

① 광 속의 쥐를 없애려고
② 불 나는 것을 막으려고
③ 고양이를 키워서 팔려고
④ 고양이가 복을 가져와서
⑤ 길을 가다가 고양이를 주워서

2 다음 ☐ 안에 들어갈 알맞은 말을 쓰시오.

> 목화 장수들은 고양이에 대한 공동 책임을 지기 위해 고양이의 ☐☐☐ 을 각자 몫으로 정하고 보살피기로 하였다.

( )

3 목화 장수들은 무엇 때문에 다투었습니까? ( )

① 고양이 값은 얼마인가?
② 고양이 치료비는 얼마인가?
③ 고양이 치료비는 누가 내는가?
④ 고양이가 다친 것은 누구 탓인가?
⑤ 목화값을 물어낼 사람은 누구인가?

4 아픈 다리를 맡은 목화 장수의 의견과 그 같은 의견을 낸 까닭을 쓰시오.

- 의견: _____
- 까닭: _____

03 여러 의견을 비교하며 읽기

읽기 | 교과서 60~61쪽 | 학습 목표: 여러 의견을 비교하며 읽을 수 있다.

시험 보는 도깨비

- 글의 종류 이야기글
- 글의 특징 의견과 의견에 대한 까닭이 나타나 있는 글

　마지막까지 남은 세 명의 도깨비들은 마지막 시험 문제지를 받아 들고 천천히 펼쳐 보았습니다.

> 제 23546회 도깨비 과거 시험 마지막 문제
> **부모님의 말씀을 듣지 않는 아이를
> 변화시킬 수 있는 방법을 제시하시오.**

　도깨비들은 아이들을 싫어합니다. 할머니, 할아버지는 도깨비 이야기에 귀를 기울이지만, 아이들은 도깨비를 무시하고 잘 놀리며 자기주장만 내세우기 일쑤입니다.
　둥근 뿔 도깨비가 말하였습니다.
　"정말 내가 가장 싫어하는 문제로군. 아이들을 조용히 시킨다거나 나쁜 아이를 착한 아이로 만드는 방법은 없어."
　큰 눈 도깨비가 말하였습니다.
　"지난달에도 대나무골에 사는 아이들이 던진 돌멩이에 맞아 내 눈두덩이가 이만큼 부어올랐지. 아이들이 밤늦게까지 불놀이를 하고 있기에, 조금 놀라게 해서 들여보내려고 가까이 다가섰지. 그랬더니 아이들이 웃으면서 나한테 돌멩이를 던지는 거야."
　왕발 도깨비도 얼굴을 찌푸리며 말을 이었습니다.
　"그것만 문제가 아니야. 이 녀석들이 우리의 놀이터인 무덤까지 와서 밤중에 노래를 부른다니까. 얼마 전에는 내가 가장 싫어하는 꽹과리를 치면서 노래를 부르는데, 무서워서 놀이터에 나갈 수가 없었어."

1 세 명의 도깨비들이 시험지에 적어야 할 내용은 무엇입니까? ( )

① 부모님과 대화하는 방법
② 부모님을 조용하게 만드는 방법
③ 아이들의 기분을 좋게 하는 방법
④ 아이들이 과거 시험에 합격하는 방법
⑤ 부모님의 말씀을 듣지 않는 아이를 변화시키는 방법

2 도깨비들이 아이들을 싫어하는 까닭에 모두 ○ 하시오.

(1) 도깨비를 무시해서 ·· ( )
(2) 도깨비를 무서워해서 ·· ( )
(3) 자기주장만 내세워서 ··· ( )

3 큰 눈 도깨비가 아이들을 싫어하게 된 까닭은 무엇입니까? ( )

① 눈병이 나서
② 걸어가다가 넘어져서
③ 친구 도깨비와 싸워서
④ 다른 도깨비들이 방망이로 때려서
⑤ 아이들이 도깨비에게 돌멩이를 던져서

4 도깨비들의 놀이터는 어디인지 쓰시오.

( )

03 여러 의견을 비교하며 읽기

도깨비들은 서로 이야기를 나누다가 답을 써 내려가기 시작하였습니다. 세 도깨비의 답안지에는 다음과 같은 글이 적혀 있었습니다.

둥근 뿔 도깨비
대나무 회초리로 종아리를 때립니다. 매를 맞으면 자신의 행동을 반성하게 될 것입니다.

큰 눈 도깨비
부모님의 말씀을 잘 듣는 아이에게는 도깨비 나라에서 가장 재미있는 도깨비 놀이동산에 갈 수 있는 기회를 줍니다.

왕발 도깨비
부모님께서 얼마나 고생을 하시는지 알게 합니다. 부모님께서 하시는 일을 직접 보고 똑같이 해 보도록 시킵니다.

5 세 도깨비의 의견을 정리하시오.

둥근 뿔 도깨비	큰 눈 도깨비	왕발 도깨비

6 세 도깨비의 답안 중 누구의 답이 가장 알맞다고 생각하는지 까닭과 함께 쓰시오.

(1) 가장 알맞은 답을 쓴 도깨비: _____

(2) 그렇게 생각하는 까닭: _____

* 두 친구의 의견을 한 문장으로 간추려 보시오.

살아 계셨으면 백 살이 넘으셨는데, 유관순 누나?

1920년에 열아홉의 나이로 돌아가셨다면 우와~와 1902년생. 여러분, 100세가 넘으신 '할머니'를 '누나'라고 부르는 것을 어떻게 생각하나요?

태수 : 나는 계속 '누나'라고 불러야 한다고 생각해. 유관순 누나는 어린 나이에 결혼을 하지 않은 채 돌아가셨잖아. 우리 할머니도 할머니라는 말 싫어하시거든. 아마 유관순 누나도 할머니라고 부르면 싫어하실 거야.

성희 : 나는 '유관순 열사'라고 불러야 한다고 생각해. 누나나 할머니는 우리에게 친근하게 들리기는 하지만 그 분은 평범한 삶을 살다가 돌아가신 게 아니잖아? '유관순 열사'는 힘들게 독립 운동을 하셨으니까, 안중근 의사나 윤봉길 의사처럼 '유관순 열사'라고 불러야 해

윤봉길   안중근

1 두 친구의 의견을 한 문장으로 간추려 써 보고, 나는 누구의 의견에 동의하는지 말해 보시오.

• 태수 : _____

• 성희 : _____

나는 _____ 의 의견에 동의해.

플라톤의 행복론

※ 다음 글을 읽고 물음에 답하시오.

고대 그리스의 철학자 플라톤은 행복하기 위한 조건으로 다음 5가지를 꼽았습니다. 첫째 먹고 입고 살기에 조금은 부족한 듯한 재산, 둘째 모든 사람이 칭찬하기엔 조금은 부족한 외모, 셋째 자신이 생각하는 것의 절반밖에 인정받지 못하는 명예, 넷째 남과 힘을 겨루었을 때 한 사람에게는 이기고 두 사람에게는 질 정도의 체력, 다섯째 연설했을 때 듣는 사람의 절반 정도만 박수를 치는 말솜씨.

1 행복의 5가지 조건의 공통점은 무엇입니까?

_____

2 플라톤의 행복론에 대한 나의 의견을 쓰시오.

나는 플라톤의 의견에 (찬성 / 반대) 한다.

그렇게 생각하는 까닭은 _____

_____

3 여러분이 행각하는 '행복하기 위한 5가지 조건'을 쓰시오.

힘, 넌 뭐니?

흥, 나도 힘 좀 쓴다고!

『과학』_ 1. 무게 재기

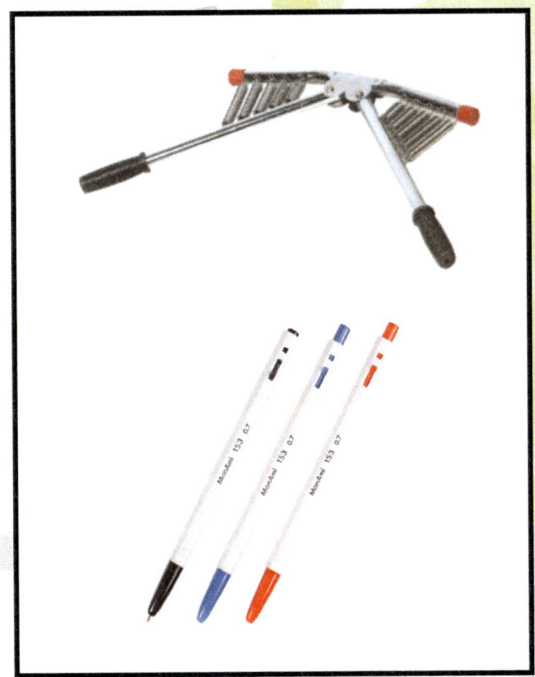

다음 물건에는 공통적으로 용수철이 들어 있어요.
이 물건들은 용수철의 어떤 성질을 이용해 만든 것일까요?

무게를 재 봐요

> 과학 | 교과서 20~39쪽 | 학습 목표 : 용수철 저울과 용수철의 성질을 알 수 있다.

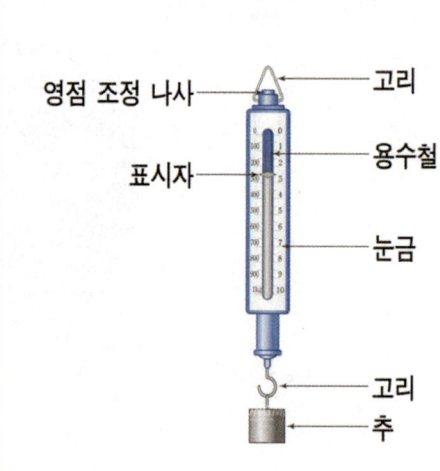

〈용수철 저울의 각 부분의 이름과 역할〉

① 고리 : 용수철 저울을 스탠드에 걸거나 재고자 하는 물체를 매단다.
② 영점 조절 나사 : 아무것도 매달지 않았을 때 저울의 표시자가 0을 가리킬 수 있도록 돌리는 나사임.
③ 표시자 : 물체의 무게를 잴 때 눈금을 가리키도록 되어 있다.
④ 눈금 : 물체의 무게를 나타낸다.

1 용수철 저울의 영점 조절 나사가 하는 일은 무엇입니까? ( )

① 눈금을 가리킨다.
② 물체의 무게를 나타낸다.
③ 물체의 무게에 따라 길이가 늘어난다.
④ 저울의 표시자가 0을 가리키도록 조정한다.
⑤ 용수철 저울을 매달거나 무게를 재고자 하는 물체를 매단다.

2 용수철 저울의 각 부분 중 물체의 무게를 나타내는 것은 어느 것인지 기호를 쓰시오.

( )

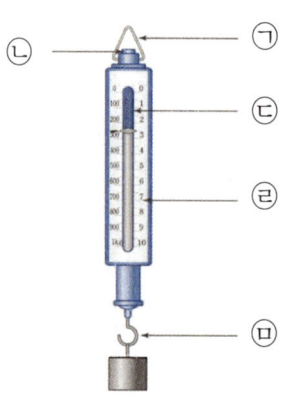

※ 다음 자료를 보고, 물음에 답하시오.

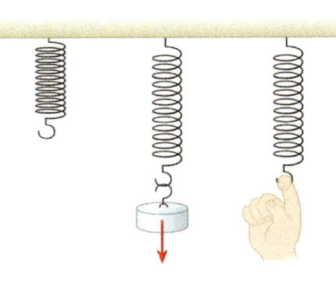
○ 무게의 측정

⟨용수철이 늘어난 길이와 무게 사이의 관계⟩

용수철에 매단 물체의 무게가 늘어날수록 용수철의 늘어난 길이도 늘어난다. 그리고 용수철에 매단 무게가 두 배, 세 배가 되면 용수철의 늘어난 길이도 두 배 세 배 늘어난다.

⟨용수철의 성질과 용수철의 성질을 이용한 물건⟩

용수철은 힘을 받아 모양이 변하게 되면 원래 모양대로 다시 돌아가려는 성질이 있다. 이런 용수철의 성질을 이용한 물건으로 쥐덫, 집게, 침대, 시계, 장난감, 운동 기구 등이 있다.

3 추를 매달았을 때 용수철의 늘어난 길이를 재어 표로 나타냈더니 다음과 같았습니다. 이 실험에서 추를 4개 매달면 용수철이 늘어난 길이는 얼마입니까?

추의 개수(개)	1	2	3	4
용수철의 늘어난 길이 (cm)	2	4	6	8

4 다음 물건들은 용수철의 어떤 성질을 이용해 만든 물건인지 쓰시오.

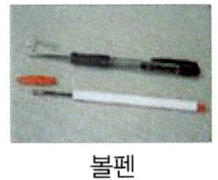
볼펜

줄자

체중계

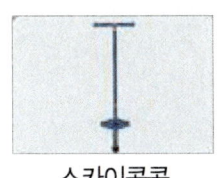
스카이콩콩

집게핀

트램펄린

※ 다음 자료를 보고, 물음에 답하시오.

수평 잡기

↑ 받침점

수평은 어느 한쪽으로도 기울어지지 않고 평형을 이룬 상태를 말합니다. 시소를 탈 때 몸무게가 비슷한 친구와 탈 때는 받침점으로부터 비슷한 거리에 앉아야 수평을 잡을 수 있습니다. 반면 몸무게가 더 무거운 아빠와 시소를 탈 때는 아빠가 받침점에 더 가까이 앉아야 수평을 잡을 수 있습니다.

5 어느 한쪽으로도 기울어지지 않고 평형을 이루는 상태를 무엇이라고 하는지 쓰시오.

( )

6 몸무게가 70kg인 아빠와 몸무게가 45kg인 내가 같이 시소를 타서 수평 잡기를 하려면 나는 ㉠과 ㉡ 중 어디에 앉아야 할지 기호를 쓰시오. ( )

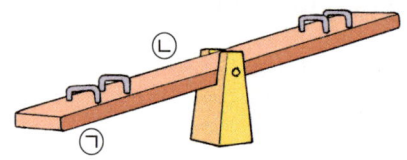

7 다음과 같은 저울이 수평이 되게 할 수 있는 방법은 어느 것입니까? ( )

① ㉠을 안쪽으로 옮긴다.
② ㉡을 안쪽으로 옮긴다.
③ ㉠과 ㉡을 안쪽으로 옮긴다.
④ 받침점을 ㉡쪽으로 옮긴다.
⑤ ㉡을 받침점 쪽으로 옮긴다.

01 줄었다 늘었다 신기한 탄성

※ 다음 자료를 보고, 물음에 답하시오.

　줄었다 늘었다 하는 이상한 물체가 있습니다. 가장 먼저 떠오르는 것은 용수철이지요. 이 물체는 손으로 잡아당기거나 누르면 늘었다 줄었다 합니다. 이 용수철은 저울에도 들어가요. 우리가 고기를 살 때 쓰는 저울은 용수철이 늘어나는 부분에 바늘이 달려 있어서 접시 위에 물체를 올리면 용수철이 늘어나서 눈금이 움직이고, 물체를 내리면 용수철이 다시 줄어들어 원래 상태인 원점으로 돌아가요. 우리가 쓰는 머리핀에도 용수철이 들어 있어요. 용수철이 원래의 모양으로 돌아가려는 힘이 머리카락을 꽉 붙들어 놓지요. 이렇게 물체의 외부의 힘을 받아 모양이 변했다가 그 힘이 사라지면 원래 상태로 되돌아가려는 성질을 탄성이라고 해요.

　고무줄 역시 용수철처럼 잡아당기면 늘었다 줄었다 하는 물건이에요. 줄었다 늘었다 하는 물체의 특징은 힘을 더 세게 줄수록 물체의 모양이 더 많이 변하고 잡아 늘이는 만큼 힘도 더 커진다는 거예요. 고무줄을 많이 잡아당기면 당길수록 고무줄의 모양이 변하고, 고무줄을 많이 잡아당길수록 고무줄의 힘이 세진다는 말이지요. 그래서 고무줄 날리기 놀이를 할 때 고무줄을 많이 잡아당길수록 더 멀리 날아간답니다.

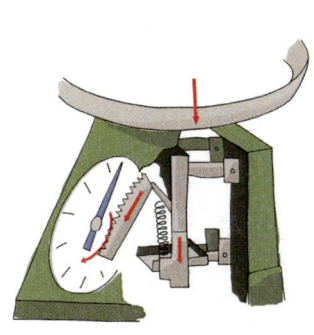

1 용수철이나 고무줄이 원래 상태로 돌아가려는 성질을 무엇이라고 하나요? ( )

① 관성　　　　　　　　　② 탄성
③ 중력　　　　　　　　　④ 마찰력
⑤ 원심력

2 다음 ☐ 안에 들어갈 알맞은 말은 어느 것입니까? ( )

> 머리핀에 힘을 주면 머리핀에 있는 용수철의 모양이 변합니다. 머리핀을 손으로 잡아당겨 머리카락에 가까이 가져갔다가 잡고 있던 손을 놓으면, 용수철이 ☐☐☐☐☐☐☐☐☐☐ 때문에 머리카락이 꽉 붙들어 매집니다.

① 잡아당기는 힘
② 아래로 떨어지는 힘
③ 멈추지 않고 돌아가려는 힘
④ 미끄러지는 것을 방해하는 힘
⑤ 원래의 모양으로 돌아가려는 힘

3 다음 (가)와 (나) 중에서 힘이 더 센 것은 어느 것인지 쓰고, 힘이 센 까닭을 쓰시오.

(1) 힘이 센 것 : _____

(2) 힘이 센 까닭 : _____

02 시소에 숨어 있는 힘

놀이터에 가면 시소라는 놀이 기구가 있어요. 이 시소에는 작은 힘으로도 무거운 물체를 들어 올릴 수 있는 '지레의 원리'가 숨어 있어요. 지레의 원리는 받침점을 어디에 놓느냐에 따라 드는 힘이 달라진다는 거예요.

지레에서 물체가 놓여 있는 곳을 작용점, 힘을 주어 누르는 쪽을 힘점이라고 하고, 받침대가 놓인 곳을 받침점이라고 해요. 받침점이 힘점에서 멀수록, 작용점에서 가까울수록 적은 힘으로 큰 힘을 낼 수 있어요. 손톱깎이도 지레의 원리를 이용했어요. 손톱을 깎을 때 힘을 별로 들이지 않고도 손톱을 깎을 수 있는 것은 자르는 곳 가까이에 지레 받침이 있고 누르는 곳은 지레받침에서 멀리 있기 때문이에요. 손톱깎이 외에 병따개, 낚싯대, 가위, 작두 등도 지레의 원리를 이용한 물건이랍니다.

1 시소에 숨어 있는 힘의 원리는 무엇입니까?　　　　　　　　　　（　　　）

① 관성의 법칙
② 중력의 법칙
③ 지레의 원리
④ 마찰력의 원리
⑤ 원심력의 원리

2 다음 그림을 보고, 손톱깎이로 손톱을 깎을 때 힘을 별로 들이지 않고 깎을 수 있는 까닭은 무엇인지 쓰시오.

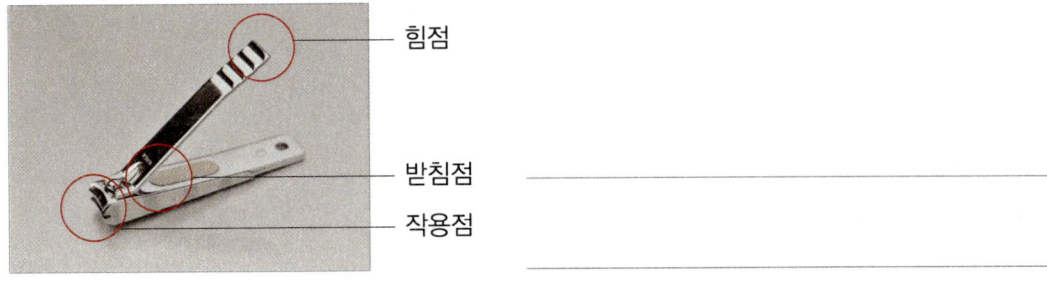

우리 조상은 힘을 알았다!

- **맷돌** : 돌로 된 위짝과 아래짝 사이에 곡식을 넣어 가는 전통 생활 도구. 위짝이 돌아가면서 생기는 원심력과 위짝과 아래짝이 부딪혀 생기는 마찰력을 이용해서 곡식을 갈아 준다.
- **설피** : 눈이 많이 오는 지역에서 눈 속에 빠지지 않고 편리하게 움직일 수 있도록 신발 위에 신는 덧신이다. 눈과 닿는 넓이를 크게 하면 바닥을 누르는 힘이 줄어든다는 원리를 이용해 만든 신발이다.
- **지게** : 나뭇가지를 엮어서 짐을 옮길 때 쓰는 전통 도구. 지게는 지게를 지는 사람에 맞게 높이나 위치 등을 조절해서 만들고, 멜 때도 무게 중심을 알맞게 이동시켜 짐을 쉽게 운반할 수 있게 한다. 지게의 끈을 바짝 당겨 들면 적은 힘으로 물건을 들 수 있다.

때론 지는 것이 이기는 것!

『말하기·듣기·쓰기』_ 첫째 마당 「새로운 시작을 위하여」

– 『소년 조선일보』, 연재 만화 「몽글이」 중에서

여러분도 일부러 져 준 경험이 있나요? 그때 기분이 어땠는지 말해 봅시다.

때론 지는 것이 이기는 것!

01 여럿이 함께!

듣기 · 말하기 · 쓰기 | 교과서 43~59쪽 | 학습 목표: 알맞은 이유를 들어 자기 의견을 쓸 수 있다.

청소는 누가 하는 것이 좋을까?

반장: 청소 당번을 정하는 방법에 대한 의견을 발표해 주십시오.

현아: 서로 번갈아 청소를 하는 것이 좋다고 생각합니다. 청소가 힘들기는 하지만, 누군가는 해야 하는 일이기 때문입니다.

성민: 청소는 힘들고 하기 싫은 일입니다. 그러므로 떠들거나 규칙을 어긴 사람이 했으면 좋겠습니다.

민철: 하고 싶은 사람이 하도록 하면 어떨까요? 청소는 봉사 활동이기 때문입니다.

1 청소는 누가 하는 것이 좋을까요? 여러분의 의견과 그렇게 생각하는 까닭을 간단히 적으시오.

내 의견:

까닭:

2 만일 환경미화원 아저씨들도 없고, 모두 청소하기가 싫어서 아무도 청소를 하지 않는다면 세상은 어떻게 될지 적으시오.

내가 먼저, 네가 먼저

※ 다음 글을 읽고, 물음에 답하시오.

링컨의 역지사지(易地思之)

미국의 남북 전쟁 때 맥클란 장군은 가장 뛰어난 장군이었다. 하루는 그를 격려해 주려고 링컨 대통령이 국방 장관과 함께 장군의 집에 갔다. 때마침 장군은 전투 중이었고 두 사람은 장군을 기다려야 했다. 드디어 장군이 돌아왔다. 장군은 두 사람을 본 체 만 체 하면서 곧장 2층 자기 방으로 올라가 버렸다. 링컨과 장관은 '장군이 곧 내려오겠지.' 하고 기다렸다. 그런데 한참 후에 하녀가 오더니 "죄송합니다만 장군께서는 잠자리에 드셨습니다."라고 말하는 것이었다.

놀란 것은 장관이었다. '감히 나와 대통령을 이렇게 무시하다니……'

"대통령 각하, 장군을 당장에 쫓아내셔야 합니다."

링컨은 잠시 침묵을 지키더니 조용히 장관에게 말했다.

"아닙니다. 장군이 우리를 무시했다고 생각하지 맙시다. 먼저 장군은 전투를 해서 지금 무척 피곤할 것입니다. 그리고 우리는 약속도 하지 않고 찾아오지 않았습니까? 그리고 훌륭한 장군을 무례하다고 쫓아낸다면 장군을 믿고 따르는 병사들이 더 이상 용감하게 싸울 수 없을 것입니다. 사실 우리가 장군을 무시한 겁니다."

링컨은 내일 다시 오자며 장관과 함께 집을 나섰다.

* 역지사지(易地思之) : 처지를 바꾸어 생각함, 상대편의 입장에서 생각해 봄.

1 링컨이 맥클란 장군의 입장이 되어서 생각한 두 가지를 찾아서 적으시오.

2 링컨 대통령이 '우리가 장군을 무시했다'라고 말한 것은 무슨 뜻일까요?

3 만약에 링컨 대통령이 화를 참지 않고 맥클란 장군을 깨워서 화를 내고 장군을 군에서 쫓아냈다면 과연 어떻게 됐을까? 생각해 보시오.

논술 에너지를 쌓아라

01 지는 것이 왜 이기는 것일까?

※ 다음 글을 읽고, 물음에 답하시오.

> 워싱턴이 미국의 수도로 결정되고 얼마 지나지 않았을 때의 일이다. 수도라고는 하지만 아직 도시 정비가 제대로 되지 않아 워싱턴 거리는 비만 오면 온통 진흙탕 길이 되곤 했다. 그래서 사람들은 비가 오는 날이면, 진흙탕 길 위에 한 사람이 겨우 지나갈 수 있을 정도의 좁은 널빤지를 깔아놓고 흙탕물이 튈까 봐 조심조심 길을 건너갔다.
>
> 어느 날 '존 란돌프'와 '헨리 그레이'라고 하는 두 사람의 하원 의원이 좁은 널빤지 위에서 마주쳤다. 어느 한 쪽이 진흙탕 속으로 내려서서 비키지 않으면 길을 지나갈 수 없는 상황이었다.
>
> 성미가 급하고 남을 이해하는 마음이 없는 란돌프는 전부터 예의바르고 깍듯한 그레이가 잘난 척한다 싶어 몹시 싫어했다. 그는 좁은 길에서 마주친 그레이에게 한 걸음도 양보하고 싶지 않았다.
>
> 란돌프는 목소리를 낮게 깔고 은근히 비꼬듯 말했다.
>
> "나는 악당에게는 길을 비키지 않습니다."
>
> 그러자 그레이가 공손히 인사하면서 이렇게 대답했다.
>
> "나는 언제나 악당에게는 길을 비켜 줍니다."
>
> 아무렇지도 않게 흙탕물 속으로 발을 내딛는 그레이의 모습을 물끄러미 쳐다보면서 란돌프는 얼굴을 붉혔다.

1 란돌프와 그레이의 행동을 비교한 후, 란돌프가 얼굴을 붉힌 이유를 적으시오.

_____

_____

_____

_____

_____

02 자리다툼, 남의 입장에서 생각해 봐!

※ 다음 만화를 보고, 물음에 답하시오.

1 옆의 만화에서 두 친구가 싸우는 이유는 무엇입니까?

_____

_____

2 두 친구가 싸우지 않으려면 서로 어떤 마음을 가져야 할지 쓰시오.

_____

_____

3 위와 같은 상황에서 내가 먼저 양보를 하고 싸움을 끝내면, 어떤 점이 좋을지 적으시오.

_____

_____

_____

> 잠깐!
>
> 이제 나의 주장이나 생각만을 고집하는 것보다 남을 먼저 배려하는 것이 진짜 이기는 것임을 알았을 것입니다. 또한 서로 자기만 생각한다면 계속 싸우게 된다는 것을 잊지 마세요.

03 우리 거야

무지개 연못에 작은 섬이 하나 있었습니다. 그 섬에는 툭하면 싸우는 개구리 셋이 살았는데 그들은 날이 샐 때부터 어두워질 때까지 옥신각신 말다툼을 했습니다.

"연못에 들어오지 마, 내 거야!"

"이 땅에서 나가! 내 거야."

그러던 어느 날 빗줄기가 세차게 내리치면서 연못은 흙탕물이 되었습니다. 개구리들은 그 상황에서도 서로 자기 땅에 들어오지 말라는 싸움을 계속하고 있었습니다. 물은 점점 불어나고 개구리들이 서 있을 땅은 점점 작아졌습니다. 거세게 출렁이는 물결에 개구리들은 떠내려갈 지경에 처했습니다. 그러자 개구리 중 한 마리가 다른 개구리들에 손을 내밀었습니다.

"이러다 우리 모두 죽겠다. 서로 손을 잡고 물결에 버텨 보자."

"네 땅에 들어오지 말라며? 그런데 어떻게 우리가 손을 잡니?"

"이러다가는 우리 모두 죽어. 이제부터 내 땅도 너희들과 함께 사용하도록 할게. 그러니까 어서 내 옆으로 와서 우리 모두 손을 잡고 물살을 버티자."

평소 사이가 좋지 않던 두 마리 개구리들은 내키지 않았지만 어쩔 수 없이 서로 손을 잡게 되었습니다. 개구리 셋은 작은 땅 위에서 서로 손을 잡고 의지했습니다. 시간이 지날수록 두려운 마음이 사라지고 든든한 희망이 생겼습니다. 비가 점차 약해지더니 완전히 멈추었고 물도 빠지기 시작했습니다. 맑은 햇살이 비치는 날, 그들은 나란히 헤엄을 치며 전에 맛보지 못한 행복을 느꼈습니다.

"왜 전에는 이런 평화를 몰랐을까?"

"이 연못은 이제 우리 거야!"

1 먼저 손을 내민 개구리가 없었더라면 개구리들은 어떻게 되었겠습니까?

2 내 것만을 고집하지 않고, 모두의 이익을 고려하는 태도는 어떤 좋은 점이 있는지 쓰시오.

입장 바꿔 생각을 해 봐!

※ 내 것만을 고집하지 않고, 다른 사람의 입장에서 생각하며 양보하는 태도가 왜 중요한지 여러분의 생각과 의견을 논술하시오. (500자 내외)

신나는 논술

300

400

500

| 첨삭지도 | |

져 주는 것도 지혜?

※ 다음 글을 읽고, 물음에 답하시오.

중국 당나라 후반기에 이고도라는 사람이 있었다. 그는 상당한 실력을 갖춘 고수임에도 불구하고 상대에게 잘 져 주는 바둑을 두는 것으로 유명했다. 사교성이 풍부하고 학문과 인품을 겸비하고 있어 고관, 명사들과 바둑 실력을 겨룰 기회를 많이 가졌던 그는 자기보다 바둑 실력이 한참 뒤떨어지는 사람들에게도 곧잘 바둑을 져 주었다. 왜냐 하면 그는 단순히 바둑을 이기는 것, 그 자체에 목적이 있는 것이 아니었기 때문이다.

이고도는 어처구니없이 져 주는 것이 아니라 뛰어난 바둑 실력을 발휘해 상대방의 실력을 파악하고 막상막하의 접전 끝에 져 줌으로써 상대방의 기분을 더욱 좋게 만들어 주는 것이었다. 간혹 귀중품이 내기로 걸리기도 하는 내기 바둑에서조차 이고도는 적당히 져 주어서 고관들의 기분을 좋게 하고 친분을 쌓았다.

그러나 실은 그 내기 바둑에서 잃은 물품 이상의 수확이 이고도에게 따라왔다. 바둑을 통해 고위층과 친분이 두터워진 그에게 관직을 구하고 이권을 찾는 무리들이 쉴새없이 그를 찾아왔기 때문에 그의 소득은 내기 바둑에서 이기는 정도의 수입을 훨씬 넘어섰으며, 자신도 고관들의 친분을 이용한 출세의 길을 넓혔던 것이다.

1 고위층 사람들과의 친분을 쌓기 위해 져 주는 바둑을 두었던 이고도의 처세술에 대한 내 생각을 적으시오.

사양지심(辭讓之心)

　현재 우리나라에는 많은 외국인 노동자들이 일을 하고 있습니다. 하지만, 강제 출국 대상자가 아닌데도 마구잡이 단속에 걸려 수갑을 찬 채 차량에 감금되거나 불법 체류 노동자라는 신분 때문에 임금을 제대로 받지 못하는 등 이들의 인권이 제대로 보장되지 않고 있는 실정입니다.
　외국인 노동자 A씨(27)는 국내에 취업한 지 4년이 지나지 않아 일시 출국 후 입국이 보장된 상태인데도 출입국관리사무소의 단속에 걸려 다른 외국인 노동자들과 함께 수갑을 찬 채로 3시간 정도 차량에 감금되기도 했다고 합니다. 또한, B씨(29.국내취업 5년)는 단속을 피해 다니느라 지쳐 체불 임금 300만원을 받아 고국으로 돌아가려 했지만 노동사무소에 체불 임금 해결을 요청한 지 3개월이 지나도록 아무런 답변도 듣지 못했습니다. 이는 외국인 노동자의 입장은 전혀 고려하지 않고 자기의 이익만을 추구한 사업주나, 행정상 처리하기 귀찮은 문제로만 여기고 대충 해결하려 하는 우리나라 정부의 태도 때문에 생겨나는 문제입니다.
　맹자는 누구에게나 겸손하며 기꺼이 남을 먼저 배려할 줄 아는 사양지심(辭讓之心)이 사람들의 성품에 있다고 했습니다. 맹자가 말한 이러한 성품은 오늘날 우리에게 시사하는 바가 큽니다. 오늘날 우리 주변에는 눈살을 찌푸리게 하는 행동들, 즉 기본적인 사람의 성품에도 어긋난 행동을 거리낌 없이 하는 사람들을 흔히 볼 수 있습니다. 우리는 사람으로서 마땅히 지켜야 할 도리를 알고 함께 잘 사는 사회를 만들기 위해 우리가 취해야 할 자세들을 정확히 알아야 하겠습니다.

국어 술술 사회 술술 과학 술술

신통방통!

01 생생한 느낌 그대로

※ 다음 글을 읽고, 물음에 답하시오.

(가) 옛날 옛적에 하늘나라 임금님에게 베를 잘 짜는 직녀라는 딸이 있었습니다. 어느덧 시집갈 때가 되어 직녀는 견우라는 청년과 결혼하였습니다. 견우는 하늘나라의 소를 돌보는 사람이었습니다. 견우와 직녀는 결혼을 한 뒤에 일은 하지 않고 놀러만 다녔습니다.
　"뭐라고! 직녀가 베는 짜지 않고 놀러만 다닌다고? 견우가 소를 돌보지 않아 소들이 대궐 안의 꽃밭을 모두 짓밟았다고?"
　화가 머리끝까지 난 임금님은 견우와 직녀에게 명령하였습니다.
　"견우와 직녀는 오늘부터 이 대궐을 떠나거라. 너희가 나쁜 버릇을 고칠 때까지 견우는 동쪽에, 직녀는 서쪽에 떨어져 살아라."

(나) "이 비는 하늘나라의 경우와 직녀가 만나지 못해 흘리는 눈물입니다. 그러니까 우리가 은하수에 다리를 놓아 두 사람을 만나게 해 줍시다."
　까치와 까마귀가 그 일을 하겠다고 나섰습니다.
　이듬해부터 까치와 까마귀는 서로의 꽁지를 물고 늘어서서 은하수에 긴 다리를 만들었습니다. 견우와 직녀는 까치와 까마귀가 만든 다리에서 만날 수 있었습니다. 견우와 직녀는 반가워 어쩔 줄을 몰랐습니다.

1 이 이야기에 나오는 인물에게 하고 싶은 말을 한다면 누구에게 어떤 말을 하고 싶은지 쓰시오.

- 말 하고 싶은 인물: (　　　　　　)

- 하고 싶은 말: _____

2 이 이야기를 읽고, 기억에 남는 장면과 기억에 남는 까닭을 쓰시오.

기억에 남는 장면	
기억에 남는 까닭	

※ 다음 글을 읽고, 물음에 답하시오.

어, 어
나뭇잎 위에 떨어졌네.

그럼
또르르
구슬 되어 굴러가지

어, 어
빨랫줄에 걸렸네!

㉠그럼
어디 한 번
매달려 볼까

대롱대롱대롱대롱

아이고
힘 빠졌다.
톡.

3 이 시에서 빗방울이 떨어진 곳을 차례대로 쓰시오.

(   ) → (   ) → (바닥)

4 ㉠에서 빗방울의 마음은 어떠한지 쓰시오.

_____

5 6연을 읽고 떠오르는 장면을 한 문장으로 쓰시오.

_____

※ 다음 글을 읽고, 물음에 답하시오.

"엄마, 무슨 일이에요?"
"이 일을 어쩌지? 쥐를 잡으려다가 네 아빠를 잡았나 보다."
바로 그 순간, 아빠가 살짝 눈을 뜨셨어요.
"사실은 소파 뒤에 숨어 있던 쥐와 눈이 마주친 순간 나도 모르게 기절했단다."
그때, 할아버지께서 잠이 덜 깬 눈으로 방문을 열고 나오셨어요.
"집 안에 무슨 일이 있냐?"
"할아버지, 쥐가 나왔대요."
"에구머니나!"
할아버지께서는 깜짝 놀라며 얼른 소파 위로 올라가셨어요.
"어이쿠, 나는 세상에서 쥐가 가장 싫다."
그러자 아빠도 말씀하셨어요.
"저도요."
이튿날 아침, 할아버지께서는 가족회의를 열었어요.
㉠ "이제부터 쥐와 전쟁을 시작한다! 내가 사령관을 맡으마. 나머지 식구들은 모두 행동 대원이다."
할아버지의 비장한 말씀에 나는 왠지 가슴이 두근거렸어요. 쥐를 잡는 작전 이름은 '독안에 든 빵 작전'이에요. 할아버지께서는 쥐라는 이름을 직접 부르면 쥐들이 알아듣고 모두 도망간대요. 하지만, 빵이라고 부르면 쥐들이 맛있는 빵이 있는 줄 알고 모여든다나요?

6 아빠가 겁이 많은 성격이라는 것을 알 수 있는 문장을 찾아 쓰시오.

7 ㉠을 인물의 성격을 살려 실감 나게 읽으려면 어떻게 읽어야 하는지 쓰시오.

02 정보를 찾아서

※ 다음 글을 읽고, 물음에 답하시오.

제주도 전통 가옥의 특징은 집이 낮고, 담이 돌로 되어 있으며, 대문이 없다는 것입니다.

이러한 제주도의 전통 가옥은 지붕을 굵은 밧줄로 바둑판처럼 엮어 놓았습니다. 이것은 거센 바람을 견디기 위한 ㉠지혜로운 건축 기술이었습니다. 그리고 1년 또는 2년에 한 번씩 지붕을 다시 덮었습니다.

제주도의 담은 낮고 돌로 만들었습니다. 겉으로 보기에는 허술해 보여도 제주도의 바람을 잘 막아 줍니다.

제주도의 전통 가옥에는 대문이 없습니다. 입구에 돌을 세우고 나무를 걸쳐 놓아 주인이 돌아오는 시기를 알립니다. 나무를 하나만 걸쳐 놓았을 때에는 주인이 곧 돌아온다는 표시입니다. 두 개를 걸쳐 놓으면 주인이 한참 뒤에 돌아오고, 세 개를 걸쳐 놓으면 저녁 무렵이나 며칠 뒤에 돌아온다는 표시입니다.

1 제주도 전통 가옥의 특징 세 가지를 정리하시오.

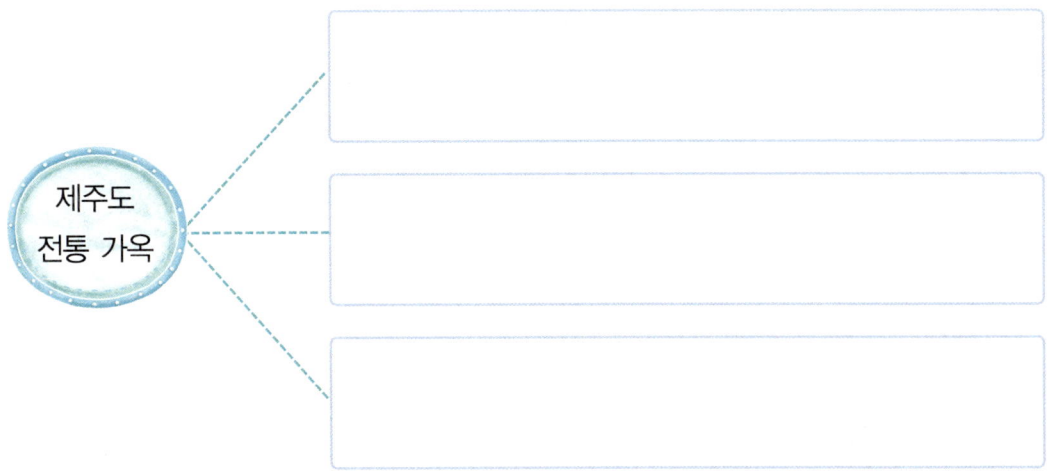

2 제주도의 전통 가옥의 지붕을 ㉠과 같이 지혜로운 건축 기술이라고 한 까닭을 쓰시오.

※ 다음 글을 읽고, 물음에 답하시오.

　월드컵 축구 경기를 할 때 　　　　　㉠　　　　　
대한민국은 응원을 할 때에 주로 빨간색을 사용합니다. 빨간색은 열정을 나타내고 승리를 기원하는 의미입니다. 응원 구호는 '대~한민국, 오 필승 코리아' 등이 있으며, 응원단 전체가 하나가 되어 어깨동무를 하거나 흥겹게 춤을 춥니다.
　네덜란드는 응원을 할 때에 주로 오렌지색을 사용합니다. 그들은 나라 이름을 부르거나 자신이 좋아하는 선수의 이름을 부르는 것으로 응원 구호를 대신합니다. 그리고 대표 팀 옷을 입고 열렬하게 응원합니다.
　브라질은 노란색과 녹색으로 만들어진 대표 팀 유니폼과 같은 색을 주로 사용합니다. 특별한 응원 구호는 하지 않지만 긴 깃털로 만든 모자와 북과 트럼펫이 어울리면서 화려한 삼바 춤이 운동장에 가득합니다. 브라질의 응원단을 보면 축구 경기장에 온 것이 아니라 축제에 온 기분이 들게 합니다.

3 ㉠에 들어갈 이 글의 중심 내용을 쓰시오.

＿＿＿＿＿＿＿＿＿＿＿＿＿＿＿＿＿＿＿＿＿＿＿＿＿＿＿＿＿

4 각 나라의 응원 모습을 쓰시오.

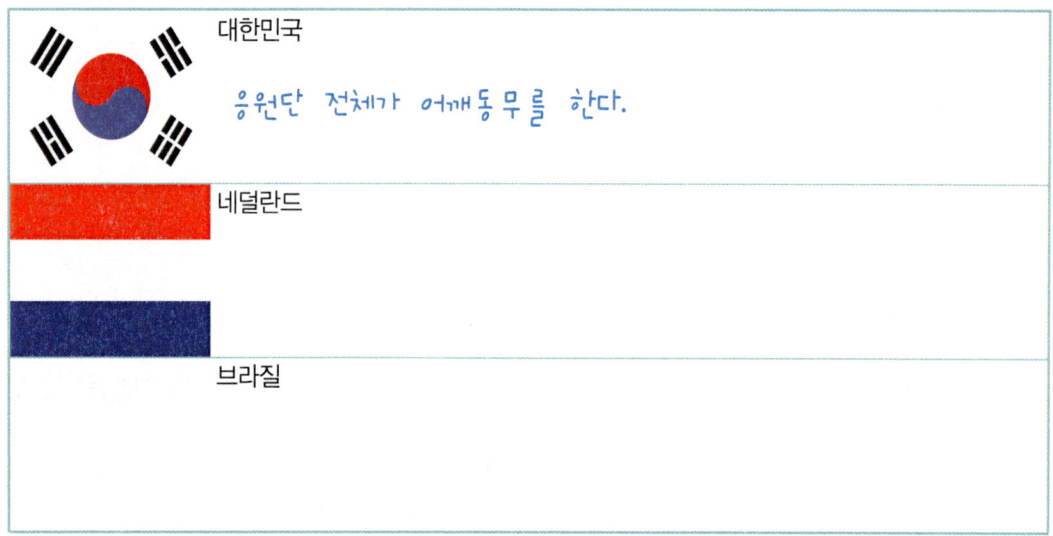

대한민국 — 응원단 전체가 어깨동무를 한다.
네덜란드
브라질

※ **다음 글을 읽고, 물음에 답하시오.**

1. '시치미 떼다'라는 말이 어떻게 만들어졌는지 알려면 멀리 고려 시대까지 거슬러 올라가야 한다. 고려 시대에는 매사냥을 많이 하였다. 매사냥은 길들인 매를 이용하여 짐승들을 사냥하는 것을 말한다. 매를 구하여 사냥매로 길들이는 일은 무척 힘들었다. 그래서 매사냥은 왕족과 신분이 높은 귀족들만 즐길 수 있었다.

2. 그런데 매사냥의 인기가 치솟다 보니 사냥매가 사라지는 일이 가끔 일어났다. 훌륭한 사냥매는 아주 비싼 값에 거래되었기 때문에 누군가 훔쳐 가는 일이 생겼다. 귀족들은 자기 매를 훔쳐 가지 못하게 이름표를 달았는데, 이 이름표가 바로 '시치미'이다.

3. 하지만, 시치미를 붙인 뒤에도 도둑은 사라지지 않았다. 매를 훔친 뒤에 시치미를 떼어 버리면 누구의 매인지 알 수 없기 때문이었다. 바로 여기에서 '시치미 떼다'라는 말이 나왔다.

5 '시치미'의 뜻은 무엇인지 쓰시오.

6 '시치미 떼다'는 말이 어디에서 유래되었는지 쓰시오.

7 '시치미 떼다'를 넣어 짧은 글을 지어 보시오.　　　　(30자 내외)

※ 다음 글을 읽고, 물음에 답하시오.

> 제비는 일 년에 두 번까지 새끼를 치기도 합니다. 두 번째 태어난 새끼들이 알을 깨고 나와 공중을 날 수 있고 먹이를 제 스스로 찾아 먹을 정도가 되면 이미 8월 말이 됩니다.
> 이쯤이면 제비가 강남 가는 까닭을 짐작할 만도 합니다. 기온이 떨어지기 시작하면 곤충들이 죽어 버리거나 숨어 버려 먹을 것이 없으므로 따뜻한 강남으로 떠나야 합니다. 제비가 가는 강남은 타이, 인도네시아, 말레이시아, 필리핀, 오스트레일리아 등을 말합니다. 한 조사에 따르면 이렇게 떠난 제비들 중에서 일부는 지난해의 제집으로 다시 온다고 합니다.

8 제비가 강남으로 가는 까닭을 쓰시오.

9 다음 노래의 '강남'이란 어디를 말하는지 모두 쓰시오.

> 정이월이 다 가고 삼월이라네
> 강남 갔던 제비가 돌아오면은
> 이 땅에도 또다시 봄이 온다네

03 정보를 찾아서

※ 다음 글을 읽고, 함께 생각해 봅시다.

(가)

대희 : 지금부터 '자리를 어떻게 정할 것인가?'에 대하여 토의를 시작하겠습니다. 손을 들어 의견을 발표하여 주시고, 다른 사람의 말을 끝까지 들어 주시기 바랍니다. 지후가 발표하여 주십시오.

지후 : 일찍 오는 순서대로 앉고 싶은 자리에 앉았으면 좋겠습니다. 친한 친구와 앉고 싶은 자리에 같이 앉을 수 있기 때문입니다.

대희 : 서윤이가 발표하여 주십시오.

서윤 : 키가 작은 사람이 키 큰 친구 뒤에 앉으면 칠판 보기가 힘듭니다. 그래서 저는 키 순서대로 앉아야 한다고 생각합니다. 키 순서대로 앉으면 키가 작은 사람도 칠판을 잘 볼 수 있을 것입니다.

(나)

대희 : 키 순서대로 앉자는 의견이 많습니다. 지후의 생각을 다시 듣고 싶습니다.

지후 : 저는 친한 친구와 같이 앉으려고 일찍 오는 순서대로 앉자고 하였는데, 동주의 의견을 듣고 보니, 공부에 방해가 될 것 같습니다. 서윤이의 의견처럼 키 순서대로 앉는 것이 더 좋을 것 같습니다.

동주 : 저도 동의합니다. 시력이 좋지 않은 사람은 앞쪽 가장자리에 앉으면 뒷사람에게 방해되지도 않고, 칠판 글씨도 잘 보이기 때문입니다.

1 이 글의 토의 주제를 쓰시오.

_____

2 내가 이 토의에 참여한다면 나는 어떤 의견을 말할지 까닭과 함께 쓰시오.

• 내 의견 : _____

• 까닭 : _____

※ 다음 글을 읽고 물음에 답하시오.

(가) 마지막까지 남은 세 명의 도깨비들은 마지막 시험 문제지를 받아 들고 천천히 펼쳐 보았습니다.

> 제 23546회 도깨비 과거 시험 마지막 문제
> 부모님의 말씀을 듣지 않는 아이를
> 변화시킬 수 있는 방법을 제시하시오.

도깨비들은 아이들을 싫어합니다. 할머니, 할아버지는 도깨비 이야기에 귀를 기울이지만, 아이들은 도깨비를 무시하고 잘 놀리며 자기주장만 내세우기 일쑤입니다.

둥근 뿔 도깨비가 말하였습니다.

"정말 내가 가장 싫어하는 문제로군. 아이들을 조용히 시킨다거나 나쁜 아이를 착한 아이로 만드는 방법은 없어."

(나) 도깨비들은 서로 이야기를 나누다가 답을 써 내려가기 시작하였습니다. 세 도깨비의 답안지에는 다음과 같은 글이 적혀 있었습니다.

둥근 뿔 도깨비

> 대나무 회초리로 종아리를 때립니다. 매를 맞으면 자신의 행동을 반성하게 될 것입니다.

큰 눈 도깨비

> 부모님의 말씀을 잘 듣는 아이에게는 도깨비 나라에서 가장 재미있는 도깨비 놀이동산에 갈 수 있는 기회를 줍니다.

왕발 도깨비

> 부모님께서 얼마나 고생을 하시는지 알게 합니다. 부모님께서 하시는 일을 직접 보고 똑같이 해보도록 시킵니다.

3 도깨비 과거 시험 마지막 시험 문제는 어떤 방법을 제시하라는 것인지 쓰시오.

_____

4 세 도깨비의 의견에 대한 내 의견을 쓰시오.

인물	인물의 의견	내 의견
둥근뿔 도깨비	회초리로 종아리 때리기	
큰눈 도깨비	놀이동산 갈 기회 주기	
왕발 도깨비	부모님이 하시는 일 체험하게 하기	

5 내가 만약 시험 보는 도깨비라면, 이 시험 문제에 어떤 답을 할지 생각하여 쓰시오.

_____

_____

_____

01 우리 지역의 자연환경과 생활 모습

❶ 우리 지역이 자리 잡은 곳

1 다음 (가), (나) 지도에 대한 설명 중 밑줄 친 부분을 바르게 고쳐 쓰시오.

(가)    (나)

> 축척이란 지도에서 실제 거리를 줄인 정도로, 축척을 통해 실제 거리를 알 수 있다. 땅의 넓이를 조금만 줄여서 축척이 큰 것을 대축척 지도, 많이 줄여서 축척이 작은 것을 소축척 지도라고 해요. <u>(가)는 소축척 지도, (나)는 대축척 지도로</u> <u>(가)는 좁은 지역을 자세히 볼 때 알맞고, (나)는 넓은 지역을 한눈에 보거나 다른 지역과의 관계를 알아볼 때 더 알맞다.</u>

_____

_____

2 상아와 지섭이에게 각각 필요한 지도는 소축척 지도인지, 대축척 지도인지 쓰시오.

> 상아는 서울에서 고속버스를 타고 경주에 가려고 해요. 서울에서 경주까지 먼 거리를 종이 한 장에 담으려면 땅의 넓이를 많이 줄인 지도가 필요해요. 그리고 전주 한옥 마을 구경을 간 지섭이는 한옥 마을 내의 목적지를 찾아갈 수 있는 땅의 넓이를 조금 줄인 지도가 필요해요.

• 상아 : (   )   • 지섭 : (   )

② 우리 지역의 자연환경

3 우리 조상들은 살고 있는 곳의 기후에 맞게 집의 모양을 다르게 지었어요. 다음 글을 읽고 대청을 살린 집은 어느 지방의 집인지 쓰고, 까닭도 쓰시오.

> 다른 지방에 비해 겨울이 덜 춥고 여름이 더운 남부 지방은 부엌, 방, 마루를 일(一)자형 집으로 배치해서 통풍이 잘 되도록 했다. 반대로 겨울이 추운 관북 지방은 바람이 잘 들어오지 못하도록 방과 방을 연결한 전(田)자형으로 배치해서 열이 빠져나가는 것을 막았다.

- 대청을 살린 지방: (   )
- 까닭:

4 태양이와 별이의 대화를 듣고, 날씨와 기후의 뜻을 설명하시오.

> 태양: 별이야, 내일 기후가 어떨까?
> 별이: 내일의 기후가 아니라 내일의 날씨라고 해야지.
> 태양: 날씨랑 기후랑 같은 뜻 아니야?
> 별이: 아니야, 날씨는 하루의 기온이나 비, 눈, 바람 따위의 상태를 말하는 것이고, 기후는 한 지역에서 여러 해 동안 나타나는 날씨 변화를 평균내거나 종합한 상태를 말해.
> 태양: 아, 그러니까 내일 비가 올지, 눈이 올지 물을 땐 '날씨'를 쓰고, 우리나라 기후의 특색이나 아시아의 날씨와 식생활에서는 '기후'를 써야 되는 거구나.

- 날씨:
- 기후:

5 울릉도의 집에 우데기 같은 장치가 필요한 까닭은 무엇인지 쓰시오.

> 울릉도에서는 집에 특별한 장치인 우데기를 설치했다. 우데기는 처마를 따라 여러 개의 기둥을 세우고 처마에서 땅바닥까지 벽을 두른 것이다. 이렇게 해 놓으면 눈은 우데기 밖에 쌓이고, 집과 우데기 사이에 처마 길이만큼 공간이 생긴다.

6 산에 오를 때, (가)보다 (나)로 가는 것이 더 편한 까닭은 무엇인지 쓰시오.

7 다음과 같이 기계를 이용하여 논농사를 지을 수 있는 지역은 평야 지역과 산간 지역 중 어디인지 쓰고, 기계로 농사를 지을 수 있는 까닭을 쓰시오.

- 지역 : (   )

- 까닭 :

③ 우리 지역의 생활 모습

※ 다음 인구 분포도를 보고, 물음에 답하시오.

8 다음 ㉠과 ㉡에 들어갈 알맞은 말을 쓰시오.

> (가)와 같이 같은 면적의 땅에 살고 있는 사람이 많으면 인구 밀도가 ㉠ 고 하고, (나)와 같이 살고 있는 사람이 적으면 인구 밀도가 ㉡ 고 말한다.

㉠ : (　　　　　)　　　㉡ : (　　　　　)

9 (가) 지역과 같이 인구가 많은 지역의 공통점 두 가지만 쓰시오.

_____

_____

④ 우리 지역 현장 답사

10 다음의 자료를 통해 알게 된 지역의 특징을 쓰시오.

답사 목적	우리 지역 사람들이 하천 주변의 땅을 어떻게 이용하고 있는지 알아보기 위해
답사 장소	우리 지역의 ○○천
답사 내용	○○천 주변의 땅이 이용되는 모습
답사 결과	• 하천이 깨끗해서 물고기와 식물이 많다. • 하천 주변의 땅에 야생화를 심어서 생태 학습장으로 이용하고 있다.

_____

02 주민 참여와 우리 시·도의 발전

① 우리 시·도의 살림살이

1 다음과 같은 공공시설을 만드는 까닭을 쓰시오.

_____
_____

2 시·도청과 시·도 의회에서 예산과 관련하여 어떤 일을 하는지 쓰시오.

(1) 시·도청: _____

(2) 시·도 의회: _____

② 시·도 대표는 우리 손으로

3 지역의 대표를 선출할 때 고려해야 할 기준을 두 가지 쓰고, 그것을 고려해야 하는 까닭을 쓰시오.

• 고려해야 할 기준: (　　　　　　　　과　　　　　　　　)

• 고려해야 하는 까닭: _____
_____

우리 생활과 물질

1 다음과 같은 용수철 저울로 무거운 물체의 무게를 너무 자주 재면 용수철이 어떻게 되는지 쓰시오.

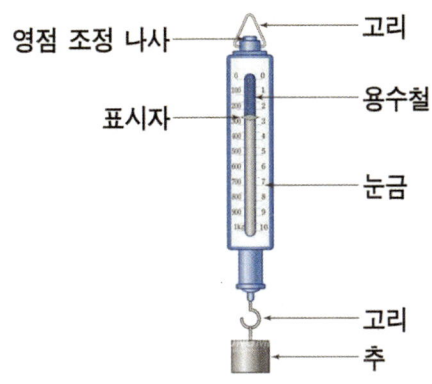

---

2 다음 실험의 결과를 통해 알 수 있는 사실을 쓰시오.

[실험 방법]
㉠ 종류가 같은 용수철 두 개를 각각 스탠드에 매단다.
㉡ 한 용수철에 추를 매단 후, 추의 무게를 확인한다.
㉢ 추를 매단 용수철이 늘어난 길이만큼 다른 용수철을 손가락으로 잡아당겨 본다.
㉣ 추의 개수나 무게를 다르게 해 가면서, 그때마다 어느 정도의 힘이 드는지 느껴 본다.

[실험 결과]

추(개)	1	2	3
힘	힘이 조금 듦.	힘이 듦.	힘이 많이 듦.

3 다음 저울들은 용수철의 어떤 성질을 이용하여 만든 것인지 쓰시오.

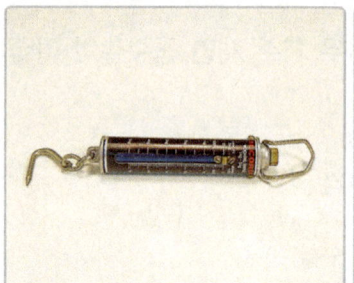  

_____

_____

4 다음은 해준이가 쓴 일기입니다. 해준이의 일기를 통해 알 수 있는 사실은 무엇인지 쓰시오.

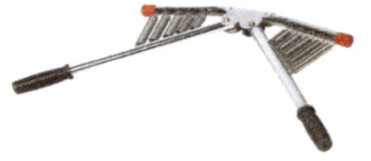

오늘은 형과 완력기로 팔 운동을 했다. 형은 완력기를 쉽게 접었다 폈다 했다. 나도 형처럼 완력기를 해 보려고 했지만 아무리 힘을 주어도 완력기는 쉽게 접히지 않았다. 그때 형이 완력기의 용수철의 개수를 줄여 보라고 했다. 형 말대로 용수철의 개수를 줄였다. 그랬더니 신기하게도 꼼짝도 하지 않던 완력기가 쉽게 접혔다.

_____

_____

5 다음 빗자루가 오른쪽(B)으로 기울어지게 하려면 어떻게 해야 하는지 쓰시오.

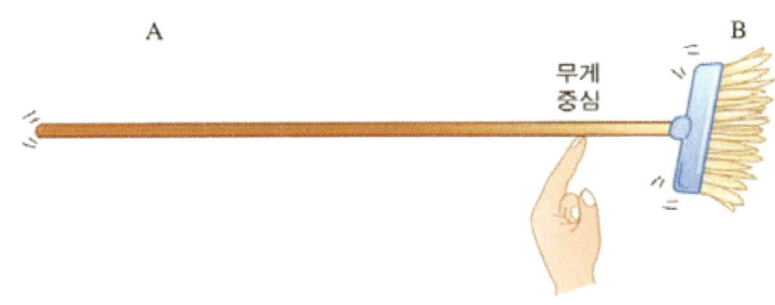

---

6 다음 두 물체가 각각 수평을 이루기 위해서는 받침점의 위치가 어떻게 다른지 쓰고, 다른 까닭을 쓰시오.

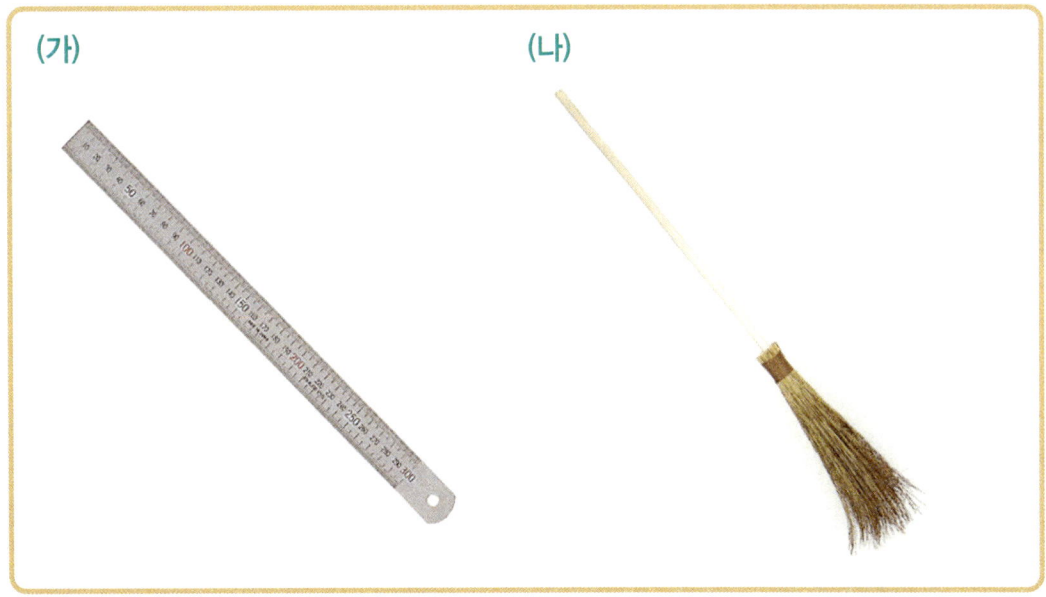

(가)　(나)

(1) 받침점의 위치 :

(2) 까닭 :

7 다음 윗접시 저울에서 가운데에 있는 바늘이 하는 역할은 무엇인지 쓰시오.

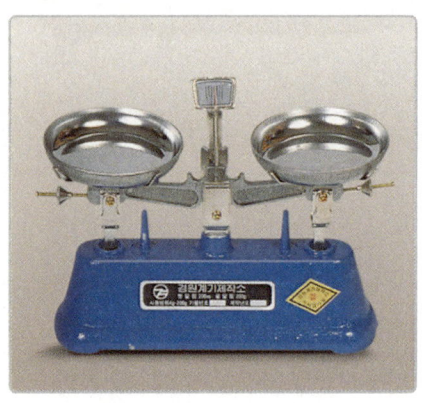

_____

_____

8 물체의 무게를 손으로 비교할 때보다 용수철 저울을 만들어 비교할 때 좋은 점 두 가지를 쓰시오.

_____

_____

9 지레는 긴 막대나 널빤지를 사용하여 무거운 물체를 쉽게 움직이는 도구입니다. 무거운 물체를 들어 올리려면 힘점과 받침점과 작용점의 거리가 어떠해야 하는지 쓰시오.

_____

_____

_____